하루 10분 자주 틀리는
초등 맞춤법 받아쓰기

2단계 (3-4학년)

미래주니어

머리말

자주 틀리는 낱말부터 문장까지 따라 쓰며
차근차근 받아쓰기 실력을 키우세요!

❁ 올바른 맞춤법, 저절로 익혀지는 게 아니에요!

받아쓰기는 단순히 듣고 쓰는 활동이 아니라, 올바른 맞춤법을 익히고 국어 실력의 기초를 다지는 중요한 학습입니다. 특히 초등 저학년 시기에 낱말의 발음과 맞춤법을 익히는 과정은 글을 읽고 쓰는 모든 활동의 출발점이 됩니다.

하지만 맞춤법과 받아쓰기 실력은 시간이 지나면서 저절로 좋아지는 것이 아닙니다. 이 시기에 제대로 학습하지 않으면 고학년이 되어서도 맞춤법 실수가 반복되어 학습에 어려움을 겪을 수 있습니다. 우리말에는 소리 나는 대로 쓰면 안 되는 낱말이 많습니다. 이런 낱말들을 단순 암기로 외우기보다는, 기본적인 맞춤법 원리를 이해하고 예문을 읽고 따라 쓰는 반복 학습 훈련이 효과적입니다. 이때 맞춤법의 원리를 완벽하게 이해하지 않아도 괜찮습니다. 가볍게 원리를 이해하는 정도면 충분합니다.

❁ 받아쓰기할 때 자주 틀리는 맞춤법을 3단계 학습으로 익혀요!

이 책은 총 3개의 장으로 나뉘며, 자주 틀리는 맞춤법 낱말을 ①읽기 연습 ➡ ②낱말 쓰기 ➡ ③문장 쓰기의 3단계로 학습합니다. 1장에서는 받아쓰기에 꼭 필요한 기본적인 맞춤법 원리를 쉽게 설명하고, 관련 낱말을 읽고 따라 쓸 수 있도록 했습니다. 2장에서는 소리는 다르지만 헷갈리는 낱말을, 3장에서는 소리는 비슷하지만 뜻이 다른 낱말을 구별할 수 있도록 구성했습니다.

맞춤법을 익히는 3단계 학습 중 '읽기 연습'은 매우 중요합니다. 낱말의 소리와 글자를 외우는 것보다, 여러 번 소리 내어 읽으며 입과 눈에 익숙하게 하는 것이 먼저입니다. 그다음 낱말과 문장을 따라 쓰는 활동을 통해 자연스럽게 반복 학습이 이루어집니다.

헷갈리기 쉬운 낱말은 비교하여 설명하고, 다양한 예문으로 이해를 도왔습니다. 예를 들어 '크다'와 '많다'는 '발이 크다 / 발이 커요', '숙제가 많다 / 숙제가 많아요'처럼 기본형과 해요체를 함께 익히며 다양한 문형을 연습할 수 있게 했습니다.

✿ 예문 따라 쓰기로 맞춤법, 띄어쓰기, 바른 글씨까지 한 번에!

이 책은 자주 틀리는 낱말을 아는 데 그치지 않고, 예문을 따라 쓰며 맞춤법과 띄어쓰기, 바른 글씨까지 함께 익힐 수 있도록 설계했습니다. 어릴 때 굳어진 글씨 습관은 평생 이어집니다. 바른 글씨 연습에 용이한 고딕 서체를 채택하고, 문제집 형태의 책들과는 달리 따라 쓰기 중심으로 구성한 것이 이 책의 장점입니다. 또한 헷갈리는 낱말도 예문과 함께 익히면 실생활 속에서 쉽게 떠올릴 수 있습니다.

초등 맞춤법은 단지 학교 공부를 위한 것이 아니라, 글을 쓰고 말할 때 자신 있게 표현하는 힘을 기르는 실용적인 학습입니다. 하루 10분, 하루 한 장! 소리 내어 읽고 또박또박 따라 쓰는 습관이 쌓이면 받아쓰기 실력도 쑥쑥 자라납니다.

이 책의 구성

1장 : 받아쓰기에서 가장 자주 틀리는 낱말

받아쓰기에 필요한 기본적인 맞춤법 원리를 쉽게 설명했습니다.

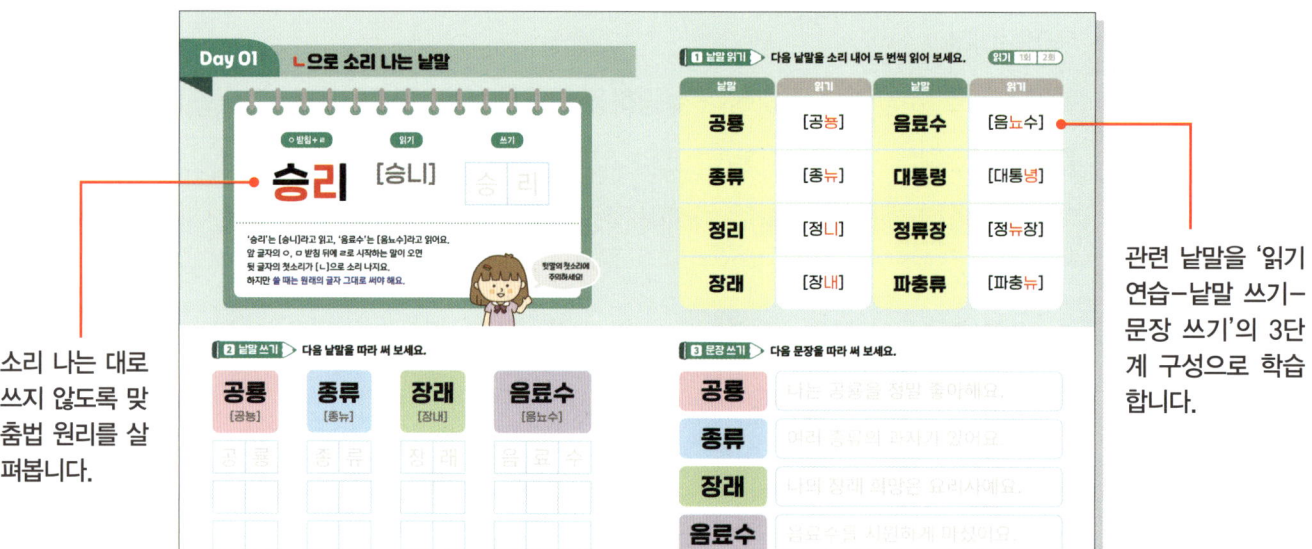

소리 나는 대로 쓰지 않도록 맞춤법 원리를 살펴봅니다.

관련 낱말을 '읽기 연습-낱말 쓰기-문장 쓰기'의 3단계 구성으로 학습합니다.

2장 : 받아쓰기에서 잘못 쓰기 쉬운 낱말

소리가 서로 다른데도 헷갈리는 낱말을 한데 정리했습니다.

두 낱말을 비교해서 쉽게 설명하고, 예문으로 익힙니다.

낱말의 '기본형'과 대화에 쓰는 '해요체'를 함께 알아보고 따라 씁니다.

3장 : 받아쓰기에서 구별해서 써야 하는 낱말

소리가 서로 비슷해서 헷갈리는 낱말을 구분해서 익힙니다.

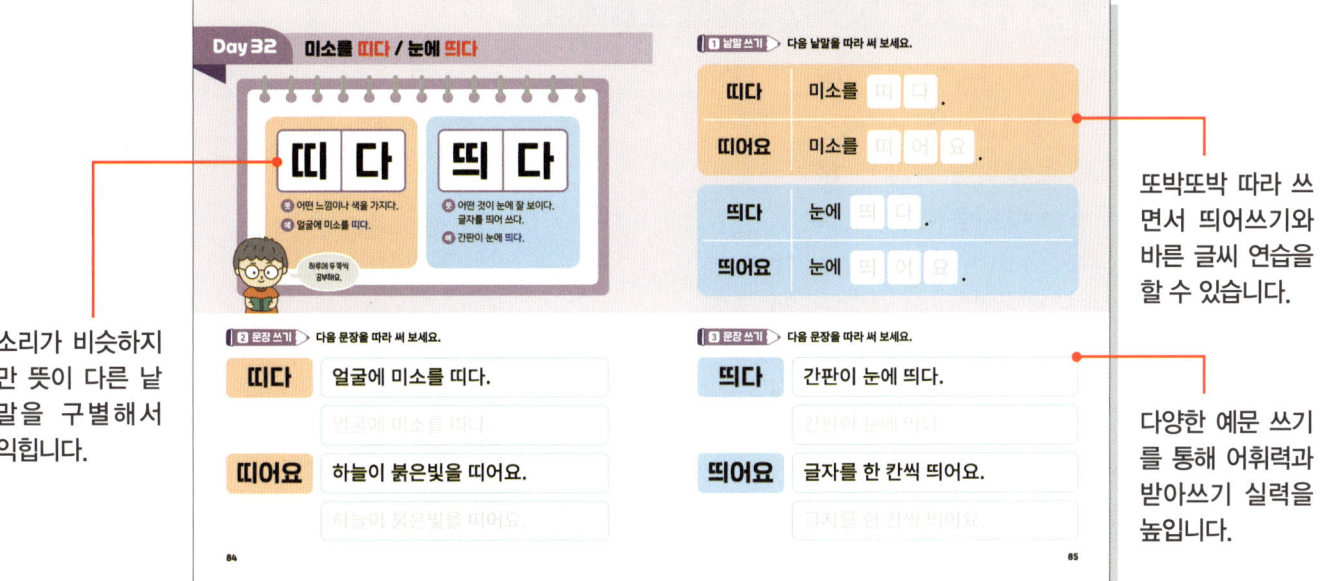

소리가 비슷하지만 뜻이 다른 낱말을 구별해서 익힙니다.

또박또박 따라 쓰면서 띄어쓰기와 바른 글씨 연습을 할 수 있습니다.

다양한 예문 쓰기를 통해 어휘력과 받아쓰기 실력을 높입니다.

도전! 복습 퀴즈

앞서 공부한 맞춤법을 퀴즈를 통해 확인하고 마무리합니다.

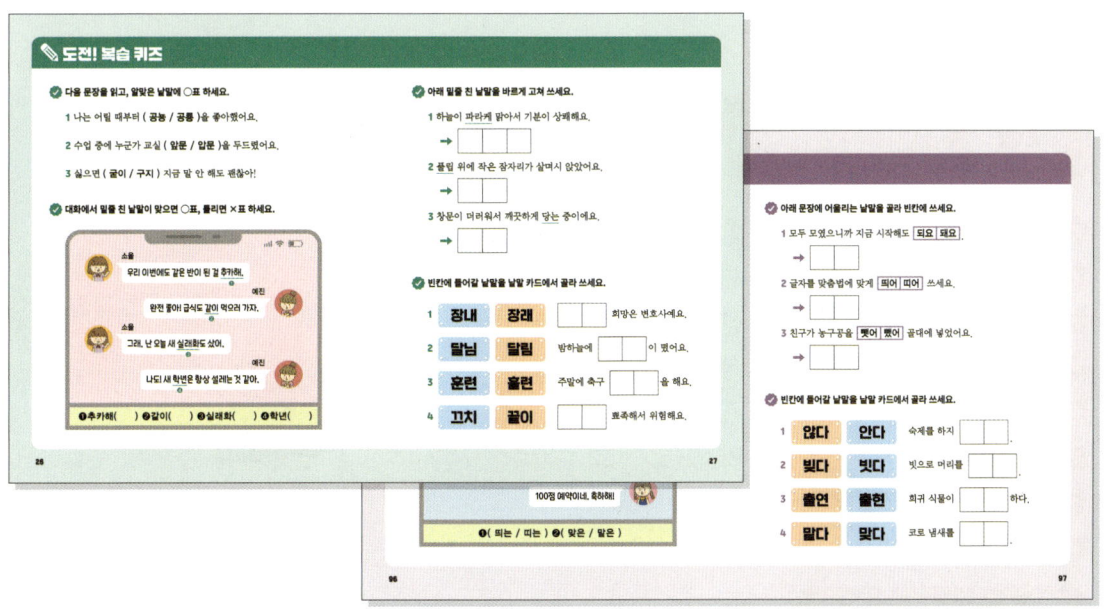

차 례

머리말 … 2   이 책의 구성 … 4

1장 받아쓰기에서 가장 자주 틀리는 낱말

Day 01 ㄴ으로 소리 나는 낱말 … 10
Day 02 ㄹ로 소리 나는 낱말 … 12
Day 03 ㅁ으로 소리 나는 낱말 … 14
Day 04 ㅇ으로 소리 나는 낱말 … 16
Day 05 ㅈ, ㅊ으로 소리 나는 낱말 … 18
Day 06 ㅋ, ㅌ으로 소리 나는 낱말 … 20
Day 07 ㅊ, ㅍ으로 소리 나는 낱말 … 22
Day 08 ㄴ, ㄹ 소리가 덧나는 낱말 … 24
📖 도전! 복습 퀴즈 … 26
Day 09 사이시옷이 붙는 낱말 … 28
Day 10 받침이 ㄳ, ㄵ, ㅄ인 낱말 … 30
Day 11 받침이 ㄼ, ㄾ인 낱말 … 32
Day 12 받침이 ㄺ, ㄻ인 낱말 … 34
Day 13 받침이 ㄶ, ㅀ인 낱말 … 36
📖 도전! 복습 퀴즈 … 38

기본적인 맞춤법 원리를 익혀요.

2장 받아쓰기에서 잘못 쓰기 쉬운 낱말

Day 14 양을 **늘리다** / 고무줄을 **늘이다** … 42
Day 15 자전거를 **고치다** / 새것으로 **바꾸다** … 44
Day 16 꿈을 **이루다** / 결승선에 **이르다** … 46
Day 17 문을 **부수다** / 눈이 **부시다** … 48
Day 18 꿈을 **좇다** / 도둑을 **쫓다** … 50
Day 19 강의 **너비** / 운동장의 **넓이** … 52
Day 20 사과 **껍질** / 달걀 **껍데기** … 54
Day 21 쌀 **알갱이** / 호두 **알맹이** … 56
📖 도전! 복습 퀴즈 … 58

소리가 다른데 헷갈리는 낱말을 익혀요.

Day 22 문을 **당기다** / 다리가 **땅기다** … 60
Day 23 얼굴이 **여위다** / 부모님을 **여의다** … 62
Day 24 오래 두니 **무르다** / 자주 먹어서 **물리다** … 64
Day 25 머리를 **젖히다** / 상대편을 **제치다** … 66
Day 26 쉬**든지** 놀**든지** / 예쁘**던지** … 68
Day 27 대장**장이** / 개구**쟁이** … 70
Day 28 교육청 **주최** / **주체**는 학생 … 72
Day 29 꽃**봉오리** / 산**봉우리** … 74

📖 **도전! 복습 퀴즈** … 76

3장 받아쓰기에서 구별해서 써야 하는 낱말

Day 30 **안** 하다 / 하지 **않**다 … 80
Day 31 **되**다 / **돼**요 … 82
Day 32 미소를 **띠다** / 눈에 **띄다** … 84
Day 33 머리를 **빗다** / 만두를 **빚다** … 86
Day 34 땀이 **배다** / 칼로 **베다** … 88
Day 35 정답이 **맞다** / 청소를 **맡다** … 90
Day 36 과자를 **뺏다** / 손을 **뺐다** … 92
Day 37 방송에 **출연** / 유성이 **출현** … 94

📖 **도전! 복습 퀴즈** … 96

소리가 비슷해서 헷갈리는 낱말을 익혀요.

Day 38 호텔에 **묵다** / 끈으로 **묶다** … 98
Day 39 과일을 **담다** / 얼굴이 **닮다** … 100
Day 40 종이를 **찢다** / 마늘을 **찧다** … 102
Day 41 아기를 **업다** / 물컵을 **엎다** … 104
Day 42 옷을 **다리다** / 한약을 **달이다** … 106
Day 43 다리가 **저리다** / 배추를 **절이다** … 108
Day 44 짐을 **부치다** / 스티커를 **붙이다** … 110
Day 45 이불에 **싸이다** / 책이 **쌓이다** … 112

📖 **도전! 복습 퀴즈** … 114

정답 … 116

기본적인 맞춤법 원리를
재미있게 익혀 보세요.

1장

받아쓰기에서 가장 자주 틀리는 낱말

Day 01 ㄴ으로 소리 나는 낱말

ㅇ받침+ㄹ **읽기** **쓰기**

승리 [승니]

승 리

'승리'는 [승니]라고 읽고, '음료수'는 [음뇨수]라고 읽어요.
앞 글자의 ㅇ, ㅁ 받침 뒤에 ㄹ로 시작하는 말이 오면
뒷 글자의 첫소리가 [ㄴ]으로 소리 나지요.
하지만 쓸 때는 원래의 글자 그대로 써야 해요.

뒷말의 첫소리에 주의하세요!

2 낱말 쓰기 ▶ 다음 낱말을 따라 써 보세요.

| 공룡 [공뇽] | 종류 [종뉴] | 장래 [장내] | 음료수 [음뇨수] |

공 룡   종 류   장 래   음 료 수

1 낱말 읽기 다음 낱말을 소리 내어 두 번씩 읽어 보세요. 읽기 1회 2회

낱말	읽기	낱말	읽기
공룡	[공뇽]	음료수	[음뇨수]
종류	[종뉴]	대통령	[대통녕]
정리	[정니]	정류장	[정뉴장]
장래	[장내]	파충류	[파충뉴]

3 문장 쓰기 다음 문장을 따라 써 보세요.

공룡	나는 공룡을 정말 좋아해요.
종류	여러 종류의 과자가 있어요.
장래	나의 장래 희망은 요리사예요.
음료수	음료수를 시원하게 마셨어요.

Day 02 ㄹ로 소리 나는 낱말

ㄹ 받침 + ㄴ **읽기** **쓰기**

설날   [설랄]   설 날

'설날'은 [설랄]이라고 읽고, '난로'는 [날로]라고 읽어요.
앞 글자의 받침과 뒷 글자의 첫소리가 만날 때,
서로 영향을 받아서 비슷하거나 같은 소리가 나요.
하지만 **쓸 때는 원래 ㄴ을 그대로 살려서 써야 해요.**

소리 내어 읽고 따라 쓰세요.

2 낱말 쓰기   다음 낱말을 따라 써 보세요.

달님	실내화	난로	훈련
[달림]	[실래화]	[날로]	[훌련]
달 님	실 내 화	난 로	훈 련

1 낱말 읽기 ▶ 다음 낱말을 소리 내어 두 번씩 읽어 보세요.   읽기 1회 2회

낱말	읽기	낱말	읽기
달님	[달림]	난로	[날로]
실내화	[실래화]	훈련	[훌련]
물놀이	[물로리]	관람	[괄람]
줄넘기	[줄럼끼]	편리	[펼리]

3 문장 쓰기 ▶ 다음 문장을 따라 써 보세요.

달님	밤하늘에 달님이 떴어요.
실내화	실내화를 가지런히 놓아요.
난로	뜨거운 난로에 손을 데었어요.
훈련	주말마다 축구 훈련을 해요.

Day 03 ㅁ으로 소리 나는 낱말

ㅍ 받침 + ㄴ   **읽기**   **쓰기**

앞니   [암니]   앞니

'업무'는 [엄무]라고 읽고, '앞니'는 [암니]라고 읽어요.
앞 글자의 ㅂ, ㅍ 받침 뒤에 ㄴ이나 ㅁ으로 시작하는 말이 오면
앞 글자의 받침이 [ㅁ]으로 소리가 나요.
하지만 **쓸 때는 원래 받침대로 써야 해요.**

외우지 말고 반복해 읽어요!

2 낱말 쓰기   다음 낱말을 따라 써 보세요.

입맛	굽는	앞문	덮는
[임맏]	[굼는]	[암문]	[덤는]
입맛	굽는	앞문	덮는

1 낱말 읽기 ▶ 다음 낱말을 소리 내어 두 번씩 읽어 보세요. 읽기 1회 2회

낱말	읽기	낱말	읽기
입맛	[임맏]	앞문	[암문]
업무	[엄무]	옆문	[염문]
굽는	[굼는]	덮는	[덤는]
겁내다	[검내다]	앞머리	[암머리]

3 문장 쓰기 ▶ 다음 문장을 따라 써 보세요.

입맛 입맛에 맞게 소스를 뿌려요.

굽는 생선을 굽는 냄새가 나요.

앞문 누군가 앞문을 두드렸어요.

덮는 덮는 이불이 부드러워요.

Day 04 ㅇ으로 소리 나는 낱말

ㄱ받침+ㅁ

국민   읽기 [궁민]   쓰기 국민

'국민'은 [궁민]이라고 읽고, '묶는'은 [뭉는]이라고 읽어요.
앞 글자의 ㄱ, ㄲ 받침 뒤에 ㄴ이나 ㅁ으로 시작하는 말이 오면
앞 글자의 받침이 [ㅇ]으로 소리가 나요
하지만 쓸 때는 원래 받침대로 써야 해요.

받아쓰기의 기초를 다져요.

2 낱말 쓰기 다음 낱말을 따라 써 보세요.

학년 [항년]

식물 [싱물]

묶는 [뭉는]

닦는 [당는]

학년 식물 묶는 닦는

1 낱말 읽기
다음 낱말을 소리 내어 두 번씩 읽어 보세요. 읽기 1회 2회

낱말	읽기	낱말	읽기
작년	[장년]	식목일	[싱모길]
학년	[항년]	박물관	[방물관]
식물	[싱물]	묶는	[뭉는]
국물	[궁물]	닦는	[당는]

3 문장 쓰기
다음 문장을 따라 써 보세요.

학년 — 올해 4학년이 되었어요.

식물 — 식물에 물을 주었어요.

묶는 — 리본 묶는 방법을 배웠어요.

닦는 — 이를 잘 닦는 습관이 중요해요.

Day 05 ㅈ, ㅊ으로 소리 나는 낱말

ㄷ 받침+모음 'ㅣ' **읽기** **쓰기**

해돋이 [해도지]

해 돋 이

'해돋이'는 [해도지]라고 읽고, '같이'는 [가치]라고 읽어요.
앞 글자의 ㄷ, ㅌ 받침 뒤에 모음 'ㅣ'가 오면
뒷 글자의 첫소리가 각각 [ㅈ], [ㅊ]으로 소리가 나요.
하지만 **쓸 때는 원래의 글자 그대로 써야 해요.**

하루 한 장씩 꾸준히 해요.

2 낱말 쓰기 — 다음 낱말을 따라 써 보세요.

| 굳이 | 미닫이 | 같이 | 끝이 |
| [구지] | [미다지] | [가치] | [끄치] |

굳 이 | 미 닫 이 | 같 이 | 끝 이

1 낱말 읽기 다음 낱말을 소리 내어 두 번씩 읽어 보세요.   읽기 1회 2회

낱말	읽기	낱말	읽기
굳이	[구지]	같이	[가치]
등받이	[등바지]	끝이	[끄치]
턱받이	[턱빠지]	샅샅이	[삳싸치]
미닫이	[미다지]	붙이다	[부치다]

3 문장 쓰기 다음 문장을 따라 써 보세요.

굳이	굳이 말을 안 해도 괜찮아요.
미닫이	미닫이문은 옆으로 열어요.
같이	친구들과 같이 놀았어요.
끝이	끝이 뾰족해서 위험해요.

Day 06 ㅋ, ㅌ으로 소리 나는 낱말

| ㄱ 받침 + ㅎ | 읽기 | 쓰기 |

축하 [추카] 축 하

'축하'는 [추카]라고 읽고, '놓다'는 [노타]라고 읽어요.
앞 글자의 ㄱ, ㄷ 받침과 ㅎ이 만나면 [ㅋ], [ㅌ]으로 소리가 나고,
앞 글자의 ㅎ 받침과 ㄱ, ㄷ이 만나면 [ㅋ], [ㅌ]으로 소리 나지요.
하지만 **쓸 때는 원래의 글자 그대로 써야 해요.**

따라 쓰며 익혀요!

2 낱말 쓰기 ▷ 다음 낱말을 따라 써 보세요.

| 국화 [구콰] | 맏형 [마텽] | 파랗게 [파라케] | 놓다 [노타] |

국 화   맏 형   파 랗 게   놓 다

1 낱말 읽기 ▷ 다음 낱말을 소리 내어 두 번씩 읽어 보세요.

읽기 1회 2회

낱말	읽기	낱말	읽기
국화	[구콰]	파랗게	[파라케]
벽화	[벼콰]	노랗게	[노라케]
행복해	[행보캐]	놓다	[노타]
맏형	[마텽]	낳다	[나타]

3 문장 쓰기 ▷ 다음 문장을 따라 써 보세요.

국화 — 노란 국화꽃이 피었어요.

맏형 — 큰형을 맏형이라고 해요.

파랗게 — 하늘이 파랗게 맑아요.

낳다 — 새가 둥지에 알을 낳다.

Day 07 — ㅊ, ㅍ으로 소리 나는 낱말

ㅂ받침+ㅎ	읽기	쓰기
입학	[이팍]	입학

'닫히다'는 [다치다]라고 읽고, '입학'은 [이팍]이라고 읽어요. 앞 글자의 ㄷ, ㅈ 받침과 ㅎ이 만나면 [ㅊ]으로 소리가 나고, 앞 글자의 ㅂ 받침과 ㅎ이 만나면 [ㅍ]으로 소리 나지요. 하지만 쓸 때는 원래의 글자 그대로 써야 해요.

> 자주 틀리는 낱말에는 ★표!

2 낱말 쓰기 — 다음 낱말을 따라 써 보세요.

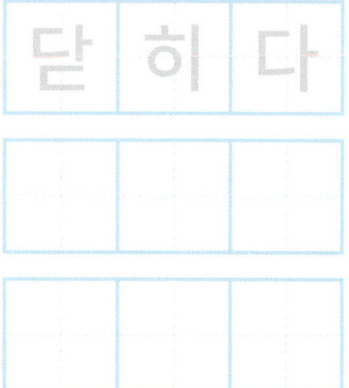

닫히다
[다치다]

맺히다
[매치다]

합하다
[하파다]

1 낱말 읽기 다음 낱말을 소리 내어 두 번씩 읽어 보세요.   읽기 1회 2회

낱말	읽기	낱말	읽기
닫히다	[다치다]	곱하기	[고파기]
걷히다	[거치다]	급하다	[그파다]
꽂히다	[꼬치다]	합하다	[하파다]
맺히다	[매치다]	입히다	[이피다]

3 문장 쓰기 다음 문장을 따라 써 보세요.

닫히다 — 바람에 문이 저절로 닫히다.

맺히다 — 나뭇잎에 이슬이 맺히다.

합하다 — 우리 모두의 힘을 합하다.

입히다 — 아기에게 옷을 입히다.

Day 08  ㄴ, ㄹ 소리가 덧나는 낱말

| ㄴ이 더해짐 | 읽기 | 쓰기 |

꽃잎 [끈닙]

'꽃잎'은 '꽃'과 '잎'이 합쳐져서 만들어진 낱말이에요.
이처럼 두 개의 낱말이 합쳐져서 하나의 낱말이 된 경우,
뒷말의 첫소리에 [ㄴ]이나 [ㄹ]이 덧붙어 소리가 나요.
하지만 **쓸 때는 원래의 글자 그대로 써야 해요.**

기본을 익히면 틀리지 않아요!

2 낱말 쓰기 ➤ 다음 낱말을 따라 써 보세요.

눈약 [눈냑]

한입 [한닙]

알약 [알략]

풀잎 [풀립]

1 낱말 읽기 다음 낱말을 소리 내어 두 번씩 읽어 보세요. 읽기 1회 2회

낱말	읽기	낱말	읽기
눈약	[눈냑]	알약	[알략]
한입	[한닙]	풀잎	[풀립]
색연필	[생년필]	솔잎	[솔립]
한여름	[한녀름]	전철역	[전철력]

3 문장 쓰기 다음 문장을 따라 써 보세요.

눈약	눈약을 눈에 떨어뜨려요.
한입	사과를 한입 베어 물었어요.
알약	감기 때문에 알약을 먹었어요.
풀잎	풀잎 위에 잠자리가 앉았어요.

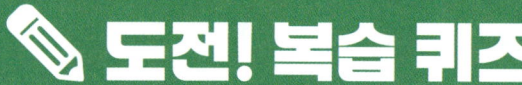
도전! 복습 퀴즈

✅ 다음 문장을 읽고, 알맞은 낱말에 ○표 하세요.

1 나는 어릴 때부터 (**공뇽** / **공룡**)을 좋아했어요.

2 수업 중에 누군가 교실 (**앞문** / **압문**)을 두드렸어요.

3 싫으면 (**굳이** / **구지**) 지금 말 안 해도 괜찮아!

✅ 대화에서 밑줄 친 낱말이 맞으면 ○표, 틀리면 ×표 하세요.

❶추카해(　　) ❷같이(　　) ❸실래화(　　) ❹학년(　　)

✅ 아래 밑줄 친 낱말을 바르게 고쳐 쓰세요.

1 하늘이 <u>파라케</u> 맑아서 기분이 상쾌해요.

➡ ☐☐☐

2 <u>풀립</u> 위에 작은 잠자리가 살며시 앉았어요.

➡ ☐☐

3 창문이 더러워서 깨끗하게 <u>닥는</u> 중이에요.

➡ ☐☐

✅ 빈칸에 들어갈 낱말을 낱말 카드에서 골라 쓰세요.

1 장내 / 장래 — ☐☐ 희망은 변호사예요.

2 달님 / 달림 — 밤하늘에 ☐☐ 이 떴어요.

3 훈련 / 훌련 — 주말에 축구 ☐☐ 을 해요.

4 끄치 / 끝이 — ☐☐ 뾰족해서 위험해요.

Day 09 사이시옷이 붙는 낱말

ㅅ이 더해짐 **읽기** **쓰기**

촛불 [초불] [촏뿔]

촛불

두 개의 낱말이 합쳐져서 하나의 낱말이 된 경우, 낱말과 낱말 사이에 ㅅ 받침을 쓰기도 해요. 뒷말의 첫소리가 ㄱ, ㄷ, ㅂ, ㅅ, ㅈ이면 각각 [ㄲ, ㄸ, ㅃ, ㅆ, ㅉ]으로 소리 나요.
하지만 쓸 때는 원래의 글자 그대로 써야 해요.

두 낱말이 합쳐졌어요!

2 낱말 쓰기 다음 낱말을 따라 써 보세요.

등굣길
[등교낄][등꼳낄]

등굣길

바윗돌
[바위똘][바윋똘]

바윗돌

빗자루
[비짜루][빋짜루]

빗자루

1 낱말 읽기 다음 낱말을 소리 내어 두 번씩 읽어 보세요. 읽기 1회 2회

낱말	읽기	낱말	읽기
빗길	[비낄] [빋낄]	빗방울	[비빵울] [빋빵울]
등굣길	[등교낄] [등굗낄]	보랏빛	[보라삗] [보랃삗]
바닷가	[바다까] [바닫까]	콧수염	[코쑤염] [콛쑤염]
바윗돌	[바위똘] [바윋똘]	빗자루	[비짜루] [빋짜루]

3 문장 쓰기 다음 문장을 따라 써 보세요.

등굣길 등굣길에 친구를 만났어요.

바윗돌 산 위에 큰 바윗돌이 있어요.

보랏빛 정원에 보랏빛 꽃이 피었어요.

빗자루 빗자루로 마당을 쓸어요.

Day 10 받침이 ㄳ, ㄵ, ㅄ인 낱말

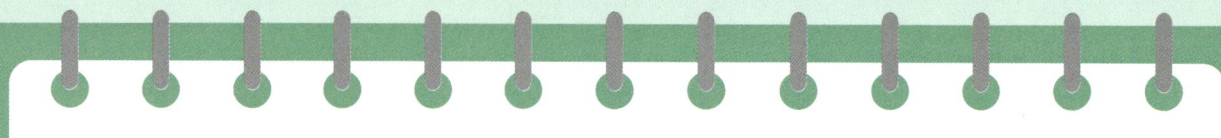

| ㅅ이 없어짐 | 읽기 | 쓰기 |

몫   [목]   몫

'몫'은 [목]이라고 읽고, '앉다'는 [안따], '값'은 [갑]이라고 읽어요.
겹받침 ㄳ, ㄵ, ㅄ은 두 개의 받침 중 앞의 받침만 남아서
ㄳ은 [ㄱ], ㄵ은 [ㄴ], ㅄ은 [ㅂ]으로 소리가 나지요.
하지만 쓸 때는 원래의 겹받침 그대로 살려서 써요.

앞쪽 받침만 소리가 나요!

2 낱말 쓰기 ➤ 다음 낱말을 따라 써 보세요.

넋 [넋]   앉다 [안따]   없다 [업따]   가엾다 [가엽따]

1 낱말 읽기
다음 낱말을 소리 내어 두 번씩 읽어 보세요. 읽기 1회 2회

낱말	읽기	낱말	읽기
넋	[넉]	얹다	[언따]
품삯	[품싹]	값	[갑]
넋두리	[넉뚜리]	없다	[업따]
앉다	[안따]	가엾다	[가엽따]

3 문장 쓰기
다음 문장을 따라 써 보세요.

넋 — 넋을 놓고 멍하니 바라보았다.

앉다 — 의자를 당겨 바르게 앉다.

없다 — 오늘은 학원 숙제가 없다.

가엾다 — 혼자 있는 길고양이가 가엾다.

Day 11 받침이 ㄼ, ㄾ인 낱말

ㅂ이 없어짐 **읽기** **쓰기**

여덟 [여덜]

여 덟

'여덟'은 [여덜]이라고 읽고, '핥다'는 [할따]라고 읽어요.
겹받침 ㄼ, ㄾ은 두 개의 받침 중 앞의 받침만 남아서
[ㄹ]로 소리가 나지요.
하지만 쓸 때는 원래의 겹받침 그대로 살려서 써요.

소리 나는 대로 쓰면 안 돼요.

2 낱말 쓰기 다음 낱말을 따라 써 보세요.

넓다	얇다	핥다	훑다
[널따]	[얄따]	[할따]	[훌따]

넓 다   얇 다   핥 다   훑 다

1 낱말 읽기 ✏️ 다음 낱말을 소리 내어 두 번씩 읽어 보세요. 　읽기 1회 2회

낱말	읽기	낱말	읽기
넓다	[널]따]	넓어서	[널버서]
얇다	[얄]따]	얇아서	[얄바서]
짧다	[짤]따]	핥다	[할]따]
떫다	[떨]따]	훑다	[훌]따]

3 문장 쓰기 ✏️ 다음 문장을 따라 써 보세요.

넓다 　우리 학교 운동장은 넓다.

얇다 　종이가 아주 얇다.

핥다 　강아지가 얼굴을 핥다.

훑다 　책을 눈으로 대충 훑다.

Day 12 받침이 ㄹㄱ, ㄹㅁ인 낱말

ㄹ이 없어짐 **읽기** **쓰기**

읽다 [익따]   읽 다

'읽다'는 [익따]라고 읽고, '삶다'는 [삼따]라고 읽어요.
겹받침 ㄹㄱ, ㄹㅁ은 두 개의 받침 중 하나로 소리가 나요.
하지만 쓸 때는 원래의 겹받침 그대로 살려서 써야 해요.

소리 내어 여러 번 읽어요.

2 낱말 쓰기 다음 낱말을 따라 써 보세요.

| 맑다 | 삶다 | 읽어요 | 굶어요 |
| [막따] | [삼따] | [일거요] | [굴머요] |

맑 다   삶 다   읽 어 요   굶 어 요

1 낱말 읽기 ▸ 다음 낱말을 소리 내어 두 번씩 읽어 보세요. 읽기 1회 2회

낱말	읽기	낱말	읽기
닭	[닥]	삶다	[삼따]
맑다	[막따]	삶아요	[살마요]
맑아요	[말가요]	굶다	[굼따]
읽어요	[일거요]	굶어요	[굴머요]

3 문장 쓰기 ▸ 다음 문장을 따라 써 보세요.

맑다 — 강물이 거울처럼 맑다.

삶다 — 냄비에 감자를 삶다.

읽어요 — 동생이 그림책을 읽어요.

굶어요 — 밥을 안 먹고 굶어요.

Day 13 받침이 ㄴㅎ, ㅀ인 낱말

ㅎ이 없어짐 **읽기** **쓰기**

많다 [만타] 많다

'많다'는 [만타]라고 읽고, '싫다'는 [실타]라고 읽어요.
겹받침 ㄴㅎ, ㅀ은 두 개의 받침 중 ㅎ이 없이 소리가 나지요.
하지만 쓸 때는 원래의 겹받침 그대로 살려서 써야 해요.

ㅎ이 빠진 채 소리가 나요!

2 낱말 쓰기 다음 낱말을 따라 써 보세요.

| 끊다 | 괜찮다 | 끓다 | 잃다 |
| [끈타] | [괜찬타] | [끌타] | [일타] |

끊다   괜찮다   끓다   잃다

1 낱말 읽기 ▶ 다음 낱말을 소리 내어 두 번씩 읽어 보세요. 읽기 1회 2회

낱말	읽기	낱말	읽기
끊다	[끈타]	싫다	[실타]
점잖다	[점잔타]	끓다	[끌타]
귀찮다	[귀찬타]	꿇다	[꿀타]
괜찮다	[괜찬타]	잃다	[일타]

3 문장 쓰기 ▶ 다음 문장을 따라 써 보세요.

끊다 — 줄을 가위로 싹둑 끊다.

괜찮다 — 넘어져서 아팠지만 괜찮다.

끓다 — 찌개가 보글보글 끓다.

잃다 — 버스에서 지갑을 잃다.

도전! 복습 퀴즈

✅ 다음 문장을 읽고, 알맞은 낱말에 ○표 하세요.

1 동생은 엄마와 함께 그림책을 (**읽어요** / **일거요**).

2 바닥에 떨어진 낙엽을 (**빗자루** / **비짜루**)로 쓸었어요.

3 하루 종일 밥을 먹지 않고 (**굴멋어요** / **굶었어요**).

✅ 대화에서 밑줄 친 낱말이 맞으면 ○표, 틀리면 ×표 하세요.

하은: 오늘 등교길①에 넘어질 뻔했어.

민재: 빗길②이 미끄러웠구나?

하은: 응, 이제 하늘이 좀 맑따③.

민재: 구름 한 점도 업네④.

❶등교길( )　❷빗길( )　❸맑따( )　❹업네( )

✅ 아래 밑줄 친 낱말을 바르게 고쳐 쓰세요.

1 산 위에서 큰 바위똘이 굴러떨어졌다.
   →

2 넘어져서 무릎을 다쳤지만 이젠 괜찬타.
   →

3 혼자서 걷고 있는 길고양이가 가엽따.
   →

✅ 빈칸에 들어갈 낱말을 낱말 카드에서 골라 쓰세요.

1 끓다 / 끊다   찌개가 보글보글 ____.

2 맑다 / 막다   오늘은 하늘이 ____.

3 얕다 / 얇다   종이가 아주 ____.

4 핥다 / 할다   강아지가 얼굴을 ____.

소리가 다른데 헷갈리는
낱말을 익혀 보세요.

2장

받아쓰기에서 잘못 쓰기 쉬운 낱말

Day 14 — 양을 늘리다 / 고무줄을 늘이다

늘리다
- 뜻: 수, 양, 시간 등을 더 많게 하다.
- 예: 물 마시는 양을 늘리다.

늘이다
- 뜻: 줄이나 몸을 길게 쭉 펴다.
- 예: 고무줄을 잡아당겨 늘이다.

비슷해 보여도 뜻이 달라요.

2 문장 쓰기 — 다음 문장을 따라 써 보세요.

늘리다
- 물 마시는 양을 늘리다.
- 물 마시는 양을 늘리다.

늘려요
- 공부 시간을 늘렸어요.
- 공부 시간을 늘렸어요.

1 낱말 쓰기 ▶ 다음 낱말을 따라 써 보세요.

늘리다	양을 늘 리 다 .
늘려요	양을 늘 려 요 .

늘이다	고무줄을 늘 이 다 .
늘여요	고무줄을 늘 여 요 .

3 문장 쓰기 ▶ 다음 문장을 따라 써 보세요.

늘이다
고무줄을 잡아당겨 늘이다.

고무줄을 잡아당겨 늘이다.

늘여요
팔을 위로 쭉 늘였어요.

팔을 위로 쭉 늘였어요.

Day 15 자전거를 **고치다** / 새것으로 **바꾸다**

고치다
- 뜻: 고장 나거나 잘못된 것을 다시 제대로 되게 하다.
- 예: 고장 난 자전거를 **고치다**.

바꾸다
- 뜻: 원래 있던 것을 다른 것으로 대신하다.
- 예: 신발을 새것으로 **바꾸다**.

낱말의 차이를 비교해요.

2 문장 쓰기 ▶ 다음 문장을 따라 써 보세요.

고치다 | 고장 난 자전거를 고치다.
| 고장 난 자전거를 고치다.

고쳐요 | 틀린 글자를 고쳤어요.
| 틀린 글자를 고쳤어요.

1 낱말 쓰기 다음 낱말을 따라 써 보세요.

고치다	자전거를 고 치 다 .
고쳐요	자전거를 고 쳐 요 .

바꾸다	새것으로 바 꾸 다 .
바꿔요	새것으로 바 꿔 요 .

3 문장 쓰기 다음 문장을 따라 써 보세요.

바꾸다
신발을 새것으로 바꾸다.

신발을 새것으로 바꾸다.

바꿔요
친구와 자리를 바꿨어요.

친구와 자리를 바꿨어요.

Day 16 꿈을 이루다 / 결승선에 이르다

이루다
뜻: 꿈이나 목표를 해내다.
예: 가수의 꿈을 이루다.

이르다
뜻: 어떤 시간이나 장소에 도착하다.
예: 달려서 결승선에 이르다.

예문으로 쓰임을 익혀요.

2 문장 쓰기 — 다음 문장을 따라 써 보세요.

이루다
가수의 꿈을 이루다.
가수의 꿈을 이루다.

이뤄요
노력해서 목표를 이뤘어요.
노력해서 목표를 이뤘어요.

1 낱말 쓰기 다음 낱말을 따라 써 보세요.

이루다	꿈을 이 루 다 .
이뤄요	꿈을 이 뤄 요 .

이르다	결승선에 이 르 다 .
이르러요	결승선에 이 르 러 요 .

3 문장 쓰기 다음 문장을 따라 써 보세요.

이르다 | 달려서 결승선에 이르다.
달려서 결승선에 이르다.

이르러요 | 곧 약속 장소에 이르러요.
곧 약속 장소에 이르러요.

Day 17 — 문을 부수다 / 눈이 부시다

부수다
- 뜻: 물건을 깨뜨리거나 망가뜨리다.
- 예: 실수로 문을 부수다.

부시다
- 뜻: 빛이 너무 밝거나 강해서 눈을 뜨기 어렵다.
- 예: 햇빛에 눈이 부시다.

소리 내어 읽고 따라 쓰세요.

2 문장 쓰기 ▶ 다음 문장을 따라 써 보세요.

부수다
실수로 문을 부수다.
실수로 문을 부수다.

부숴요
벽돌을 망치로 부쉈어요.
벽돌을 망치로 부쉈어요.

1 낱말 쓰기 다음 낱말을 따라 써 보세요.

부수다	문을 부 수 다 .
부숴요	문을 부 숴 요 .

부시다	눈이 부 시 다 .
부셔요	눈이 부 셔 요 .

3 문장 쓰기 다음 문장을 따라 써 보세요.

부시다

햇빛에 눈이 부시다.

햇빛에 눈이 부시다.

부셔요

조명 때문에 눈이 부셔요.

조명 때문에 눈이 부셔요.

Day 18 꿈을 좇다 / 도둑을 쫓다

좇다
- 뜻: 꿈이나 목표, 생각을 따라가다.
- 예: 작가의 꿈을 좇다.

쫓다
- 뜻: 어떤 것을 따라가거나 쫓아내다.
- 예: 경찰이 도둑을 쫓다.

'쫓다'는 몸으로 따라가는 것!

2 문장 쓰기 ▶ 다음 문장을 따라 써 보세요.

좇다 | 작가의 꿈을 좇다.

작가의 꿈을 좇다.

좇아요 | 사람들은 행복을 좇아요.

사람들은 행복을 좇아요.

1 낱말 쓰기 다음 낱말을 따라 써 보세요.

좇다	꿈을 좇 다 .
좇아요	꿈을 좇 아 요 .

쫓다	도둑을 쫓 다 .
쫓아요	도둑을 쫓 아 요 .

3 문장 쓰기 다음 문장을 따라 써 보세요.

쫓다 경찰이 도둑을 쫓다.

경찰이 도둑을 쫓다.

쫓아요 손으로 파리를 쫓았어요.

손으로 파리를 쫓았어요.

Day 19

너비
- 뜻: 물건이나 공간의 가로 방향 길이.
- 예: 강의 **너비**가 넓다.

넓이
- 뜻: 어떤 면이 차지하는 전체 크기.
- 예: 운동장의 **넓이**가 아주 크다.

소리가 다른데 헷갈려요!

2 문장 쓰기 ▶ 다음 문장을 따라 써 보세요.

너비

강의 너비가 넓다.

강의 너비가 넓다.

종이 너비는 가로 길이예요.

종이 너비는 가로 길이예요.

가로 길이는 '너비'예요.

1 낱말 쓰기   다음 낱말을 따라 써 보세요.

너비
- 강의 너비.
- 책상의 너비.

넓이
- 운동장의 넓이.
- 방의 넓이.

3 문장 쓰기   다음 문장을 따라 써 보세요.

넓이

운동장의 넓이가 아주 크다.

운동장의 넓이가 아주 크다.

종이 넓이는 가로×세로예요.

종이 넓이는 가로×세로예요.

전체 크기는 '넓이'예요.

Day 20 사과 껍질 / 달걀 껍데기

껍질
- 뜻: 과일, 채소처럼 부드럽고 얇은 겉 부분.
- 예: 사과 **껍질**을 깎다.

껍데기
- 뜻: 달걀, 조개처럼 단단한 겉 부분.
- 예: 달걀 **껍데기**를 깨다.

헷갈릴 땐 예문으로 복습!

2 문장 쓰기 ▶ 다음 문장을 따라 써 보세요.

껍질

사과 껍질을 깎다.

사과 껍질을 깎다.

과일처럼 부드러운 건 '껍질'.

땅콩 껍질을 까서 먹어요.

땅콩 껍질을 까서 먹어요.

1 낱말 쓰기 ▶ 다음 낱말을 따라 써 보세요.

껍질
- 사과 껍질.
- 고구마 껍질.

껍데기
- 달걀 껍데기.
- 밤 껍데기.

3 문장 쓰기 ▶ 다음 문장을 따라 써 보세요.

껍데기

달걀 껍데기를 깨다.

달걀 껍데기를 깨다.

조개껍데기를 주웠어요.

조개껍데기를 주웠어요.

조개처럼 딱딱한 건 '껍데기'.

Day 21 쌀 알갱이 / 호두 알맹이

알갱이
- 뜻: 열매나 곡식의 낱개로 떨어지는 작은 알들.
- 예: 쌀 알갱이가 떨어져 있다.

알맹이
- 뜻: 껍질이나 껍데기 속에 들어 있는 속 부분.
- 예: 껍데기 속 호두 알맹이.

뜻이 다르니 구별해서 써요.

2 문장 쓰기 다음 문장을 따라 써 보세요.

알갱이

쌀 알갱이가 떨어져 있다.

쌀 알갱이가 떨어져 있다.

옥수수 알갱이를 하나씩 먹어요.

옥수수 알갱이를 하나씩 먹어요.

많이 모여 있는 작은 알들은 '알갱이'.

1 낱말 쓰기 다음 낱말을 따라 써 보세요.

알갱이
- 쌀 알갱이.
- 모래 알갱이.

알맹이
- 호두 알맹이.
- 소라 알맹이.

3 문장 쓰기 다음 문장을 따라 써 보세요.

알맹이

껍데기 속 호두 알맹이.

껍데기 속 호두 알맹이.

밤 껍질을 까면 알맹이가 있어요.

밤 껍질을 까면 알맹이가 있어요.

껍질 속 내용물은 '알맹이'.

도전! 복습 퀴즈

✅ 다음 문장을 읽고, 알맞은 낱말에 ○표 하세요.

1 단단한 바윗돌을 깨서 작게 (**부셨어요** / **부쉈어요**).

2 고무줄을 잡아당겨서 길게 (**늘였어요** / **늘렸어요**).

3 경찰이 도둑을 발견하고 (**쫓아가요** / **좇아가요**).

✅ 대화를 읽고, 밑줄에 알맞은 낱말을 골라 ○표 하세요.

예진: 밤은 ①_____이(가) 단단해서 까기 힘들어.
도윤: 맞아. 손 다칠 수 있으니 조심해야 해.
예진: 겨우 까서 ②_____를 맛있게 먹었어!
도윤: 나도 먹어 보고 싶어!

❶ (껍데기 / 껍질)   ❷ (알갱이 / 알맹이)

✅ 아래 문장에 어울리는 낱말을 골라 빈칸에 쓰세요.

1 이 방은 넓이 / 너비 가 넓어서 답답하지 않다.

2 함께 노력해서 바라던 목표를 이르다 / 이루다.

3 시험을 앞두고 공부 시간을 늘이다 / 늘리다.

✅ 빈칸에 들어갈 낱말을 낱말 카드에서 골라 쓰세요.

1 좇다 / 쫓다   사람들이 행복을 ____.

2 알맹이 / 알갱이   바닷가의 모래 ____.

3 부수다 / 부시다   조명이 눈에 ____.

4 바꾸다 / 고치다   친구와 자리를 ____.

Day 22 : 문을 당기다 / 다리가 땅기다

당기다
- 뜻: 잡아당기다. 하고 싶은 마음이 생기다.
- 예: 문을 세게 당기다.

땅기다
- 뜻: 몸의 근육이나 살이 꽉 조이다.
- 예: 운동을 해서 다리가 땅기다.

읽고 쓰면서 익혀요!

2 문장 쓰기 — 다음 문장을 따라 써 보세요.

당기다
문을 세게 당기다.
문을 세게 당기다.

당겨요
오늘은 매운 음식이 당겨요.
오늘은 매운 음식이 당겨요.

1 낱말 쓰기 다음 낱말을 따라 써 보세요.

당기다	문을 당 기 다 .
당겨요	문을 당 겨 요 .

땅기다	다리가 땅 기 다 .
땅겨요	다리가 땅 겨 요 .

3 문장 쓰기 다음 문장을 따라 써 보세요.

땅기다
운동을 해서 다리가 땅기다.

운동을 해서 다리가 땅기다.

땅겨요
입술이 말라서 땅겨요.

입술이 말라서 땅겨요.

Day 23 얼굴이 여위다 / 부모님을 여의다

여위다
- 뜻: 살이 빠져서 몸이 마르다.
- 예: 감기로 얼굴이 여위다.

여의다
- 뜻: 가족이나 소중한 사람을 잃다.
- 예: 일찍 부모님을 여의다.

헷갈리지 않도록 잘 비교해요

2 문장 쓰기 ▷ 다음 문장을 따라 써 보세요.

여위다
감기로 얼굴이 여위다.

감기로 얼굴이 여위다.

여위어요
아파서 몸이 여위었어요.

아파서 몸이 여위었어요.

1 낱말 쓰기 다음 낱말을 따라 써 보세요.

여위다	얼굴이 여위다.
여위어요	얼굴이 여위어요.
여의다	부모님을 여의다.
여의어요	부모님을 여의어요.

3 문장 쓰기 다음 문장을 따라 써 보세요.

여의다

일찍 부모님을 여의다.

일찍 부모님을 여의다.

여의어요

작년에 할머니를 여의었어요.

작년에 할머니를 여의었어요.

Day 24 — 오래 두니 무르다 / 자주 먹어서 물리다

무르다
- 뜻: 단단했던 것이 말랑해지다.
- 예: 바나나를 오래 두니 **무르다**.

물리다
- 뜻: 너무 많이 먹어서 싫증이 나다.
- 예: 치킨을 자주 먹어서 **물리다**.

매일 두 쪽씩 차근차근!

2 문장 쓰기 — 다음 문장을 따라 써 보세요.

무르다
바나나를 오래 두니 무르다.
바나나를 오래 두니 무르다.

물러요
캐러멜이 녹아 물렀어요.
캐러멜이 녹아 물렀어요.

1 낱말 쓰기 ▶ 다음 낱말을 따라 써 보세요.

무르다	오래 두니 무 르 다 .
물러요	오래 두니 물 러 요 .

물리다	자주 먹어서 물 리 다 .
물려요	자주 먹어서 물 려 요 .

3 문장 쓰기 ▶ 다음 문장을 따라 써 보세요.

물리다 | 치킨을 자주 먹어서 물리다.

치킨을 자주 먹어서 물리다.

물려요 | 케이크를 먹다 보니 물려요.

케이크를 먹다 보니 물려요.

Day 25 — 머리를 젖히다 / 상대편을 제치다

젖히다
- 뜻: 뒤로 기울이거나 열어놓다.
- 예: 머리를 뒤로 젖히다.

제치다
- 뜻: 가로막는 것을 앞지르다.
- 예: 경기에서 상대편을 제치다.

뜻이 다르니 주의하세요!

2 문장 쓰기 — 다음 문장을 따라 써 보세요.

젖히다
머리를 뒤로 젖히다.
머리를 뒤로 젖히다.

젖혀요
커튼을 옆으로 젖혔어요.
커튼을 옆으로 젖혔어요.

1 낱말 쓰기
다음 낱말을 따라 써 보세요.

젖히다	머리를 젖 히 다 .
젖혀요	머리를 젖 혀 요 .

제치다	상대편을 제 치 다 .
제쳐요	상대편을 제 쳐 요 .

3 문장 쓰기
다음 문장을 따라 써 보세요.

제치다
경기에서 상대편을 제치다.
경기에서 상대편을 제치다.

제쳐요
앞서 달리는 친구를 제쳤어요.
앞서 달리는 친구를 제쳤어요.

Day 26 쉬든지 놀든지 / 예쁘던지

-든지
- 뜻: 여러 가지 중에 고를 때 쓰는 말.
- 예: 쉬든지 놀든지 알아서 해.

-던지
- 뜻: 지나간 일을 떠올릴 때 쓰는 말.
- 예: 꽃이 얼마나 예쁘던지!

예문으로 구별해요.

2 문장 쓰기 ▶ 다음 문장을 따라 써 보세요.

-든지

쉬든지 놀든지 알아서 해.

쉬든지 놀든지 알아서 해.

'든지'는 둘 중 선택하는 것!

사과든지 배든지 고르세요.

사과든지 배든지 고르세요.

1 낱말 쓰기 ▷ 다음 낱말을 따라 써 보세요.

-든지
- 쉬든지 놀든지
- 축구든지 농구든지

-던지
- 얼마나 예쁘던지!
- 얼마나 맛있던지!

3 문장 쓰기 ▷ 다음 문장을 따라 써 보세요.

-던지

꽃이 얼마나 예쁘던지!

꽃이 얼마나 예쁘던지!

'던지'는 과거의 일에 붙여요.

얼마나 춥던지 꽁꽁 얼었어.

얼마나 춥던지 꽁꽁 얼었어.

Day 27 — 대장**장이** / 개구**쟁이**

-장이
- 뜻: 한 분야에서 전문적인 기술을 가지고 있는 사람.
- 예: 대장**장이**가 연장을 만들다.

-쟁이
- 뜻: 어떤 성격이나 행동을 자주 하는 사람.
- 예: 동생은 개구**쟁이**이다.

소리가 다른데 헷갈려요!

2 문장 쓰기 — 다음 문장을 따라 써 보세요.

-장이

대장장이가 연장을 만들다.

대장장이가 연장을 만들다.

흙으로 그릇을 만드는 옹기장이.

흙으로 그릇을 만드는 옹기장이.

기술자는 '-장이'를 붙여요.

1 낱말 쓰기 ▶ 다음 낱말을 따라 써 보세요.

-장이	대장 장이
	옹기 장이

-쟁이	개구 쟁이
	거짓말 쟁이

3 문장 쓰기 ▶ 다음 문장을 따라 써 보세요.

-쟁이

동생은 개구쟁이이다.

동생은 개구쟁이이다.

거짓말쟁이의 말은 믿지 않아요.

거짓말쟁이의 말은 믿지 않아요.

성격이나 버릇에는 '-쟁이'.

Day 28 교육청 주최 / 주체는 학생

주최
- 뜻: 행사를 여는 사람이나 단체.
- 예: 교육청 주최로 대회가 열렸다.

주체
- 뜻: 어떤 일을 중심이 되어 직접 하는 사람.
- 예: 이 일의 주체는 학생이다.

비슷해 보여도 소리가 달라요.

2 문장 쓰기 ▶ 다음 문장을 따라 써 보세요.

주최

교육청 주최로 대회가 열렸다.

교육청 주최로 대회가 열렸다.

'주최'는 누가 행사를 열었는지!

이번 행사는 시청이 주최했어요.

이번 행사는 시청이 주최했어요.

1 낱말 쓰기 다음 낱말을 따라 써 보세요.

주최
- 교육청 주최
- 학교 주최

주체
- 주체는 학생
- 국민이 주체

3 문장 쓰기 다음 문장을 따라 써 보세요.

주체

이 일의 주체는 학생이다.

이 일의 주체는 학생이다.

'주체'는 누가 직접 나서서 했는지!

환경 보호의 주체는 우리예요.

환경 보호의 주체는 우리예요.

Day 29 꽃**봉오리** / 산**봉우리**

봉오리
뜻: 아직 피지 않고 오므라져 있는 작은 꽃망울.
예: 꽃**봉오리**가 벌어지다.

봉우리
뜻: 산의 꼭대기나 뾰족한 부분.
예: 산**봉우리**에 오르다.

예문을 따라 쓰며 기억해요!

2 문장 쓰기 — 다음 문장을 따라 써 보세요.

봉오리

꽃봉오리가 벌어지다.

꽃봉오리가 벌어지다.

꽃은 '봉오리'예요.

장미 봉오리가 활짝 열렸어요.

장미 봉오리가 활짝 열렸어요.

1 낱말 쓰기 다음 낱말을 따라 써 보세요.

봉오리	꽃 봉 오 리
	빨간 봉 오 리

봉우리	산 봉 우 리
	높은 봉 우 리

3 문장 쓰기 다음 문장을 따라 써 보세요.

봉우리

산봉우리에 오르다.

산봉우리에 오르다.

산은 '봉우리'예요.

한라산 봉우리에 도착했어요.

한라산 봉우리에 도착했어요.

도전! 복습 퀴즈

✅ **다음 문장을 읽고, 알맞은 낱말에 ○표 하세요.**

1 문이 잘 닫히지 않아서 세게 (땅겼어요 / 당겼어요).

2 오래 아프더니 몸이 (여의었어요 / 여위었어요).

3 케이크를 계속 먹다 보니 (물려요 / 물러요).

✅ **대화를 읽고, 밑줄에 알맞은 낱말을 골라 ○표 하세요.**

민재: 이번에 체육부 _____ 로 줄넘기 대회한대.

지훈: 그래? 우리 반 대표로 나가자!

민재: 지난번에 달리기는 아쉽게 2등 했잖아.

지훈: 맞아. 이번엔 모두 _____ 우승하자!

❶ (주최 / 주체) ❷ (젖히고 / 제치고)

✅ 아래 문장에 어울리는 낱말을 골라 빈칸에 쓰세요.

1 눈이 와서 얼마나 [춥던지] [춥든지] 꽁꽁 얼었어요.
　➡

2 내 동생은 장난이 심한 [개구장이] [개구쟁이] 예요.
　➡

3 우리는 북한산 [봉우리] [봉오리] 에 도착했어요.
　➡

✅ 빈칸에 들어갈 낱말을 낱말 카드에서 골라 쓰세요.

1 [주최] [주체]　　내 삶은 내가 ☐☐ 이다.

2 [당기다] [땅기다]　　매운 음식이 ☐☐☐.

3 [무르다] [물리다]　　사탕이 녹아 ☐☐☐.

4 [제치다] [젖히다]　　커튼을 옆으로 ☐☐☐.

77

소리가 비슷해서 헷갈리는
낱말을 익혀 보세요.

3장

받아쓰기에서 구별해서 써야 하는 낱말

Day 30 안 하다 / 하지 않다

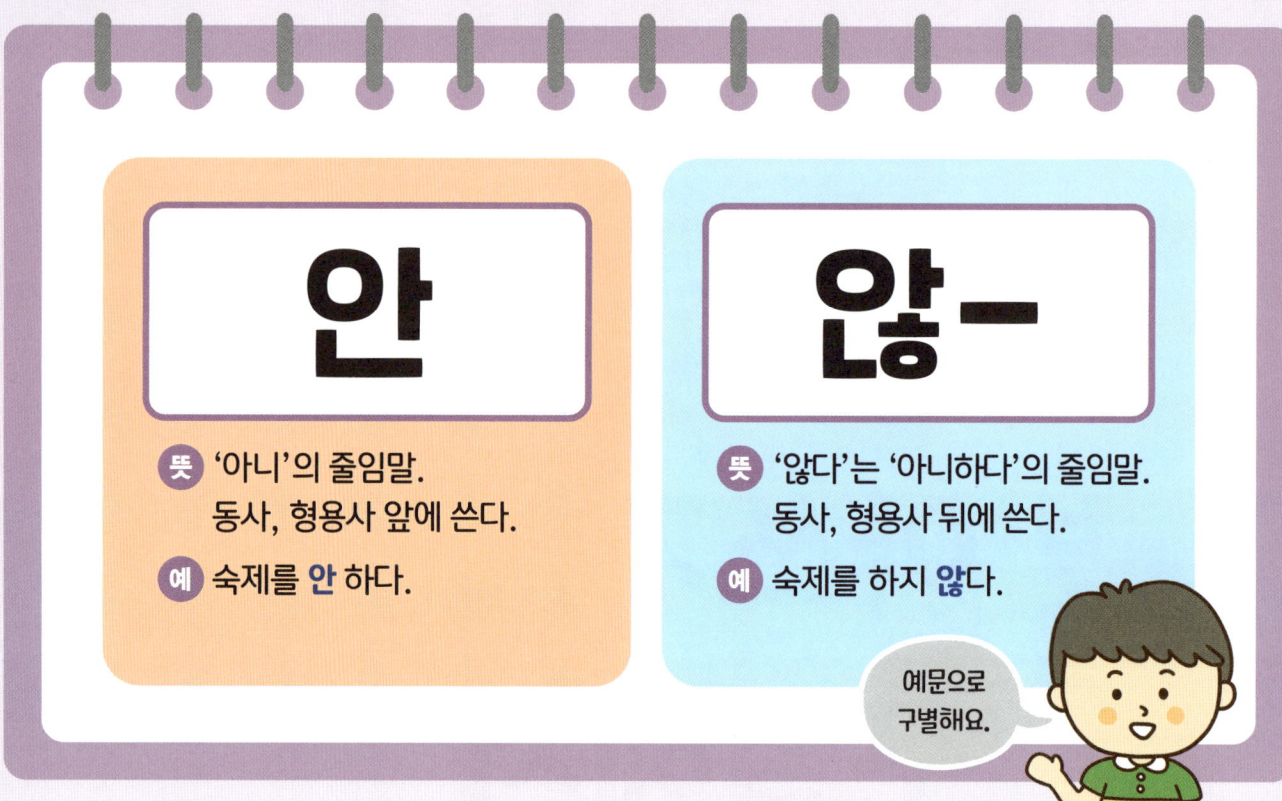

- 안
  - 뜻: '아니'의 줄임말. 동사, 형용사 앞에 쓴다.
  - 예: 숙제를 안 하다.

- 않-
  - 뜻: '않다'는 '아니하다'의 줄임말. 동사, 형용사 뒤에 쓴다.
  - 예: 숙제를 하지 않다.

예문으로 구별해요.

2 문장 쓰기 ▶ 다음 문장을 따라 써 보세요.

안

숙제를 안 하다.

숙제를 안 하다.

'안'을 빼도 말이 돼요.

아직 집에 안 갔어요.

아직 집에 안 갔어요.

1 낱말 쓰기 다음 낱말을 따라 써 보세요.

안	안 하다.
	안 해요.

않-	하지 않다.
	하지 않아요.

3 문장 쓰기 다음 문장을 따라 써 보세요.

않-

숙제를 하지 않다.

숙제를 하지 않다.

'않'을 빼면 말이 되지 않아요.

나는 울지 않아요.

나는 울지 않아요.

Day 31 되다 / 돼요

- 뜻 '되다'의 어간.
- 예 공부가 잘 안 되다.

'되어, 되니'처럼 활용할 때 변하지 않는 부분을 '어간'이라고 해요.

- 뜻 '되어'의 줄임말.
- 예 공부가 잘 안 돼요.

2 문장 쓰기 다음 문장을 따라 써 보세요.

되-

공부가 잘 안 되다.

공부가 잘 안 되다.

'되어'로 바꾸어 말이 안 되면 '되'를 써요.

선생님이 되고 싶어요.

선생님이 되고 싶어요.

1 낱말 쓰기 다음 낱말을 따라 써 보세요.

되-
- 공부가 안 되다.
- 일이 잘 되었어요.

돼-
- 공부가 안 돼요.
- 말해도 돼요.

3 문장 쓰기 다음 문장을 따라 써 보세요.

돼-
- 공부가 잘 안 돼요.
- 공부가 잘 안 돼요.
- 반장이 돼서 기뻤어요.
- 반장이 돼서 기뻤어요.

'되어'로 바꾸어 말이 되면 '돼'가 맞아요.

Day 32 : 미소를 띠다 / 눈에 띄다

2 문장 쓰기 다음 문장을 따라 써 보세요.

띠다
얼굴에 미소를 띠다.
얼굴에 미소를 띠다.

띠어요
하늘이 붉은빛을 띠어요.
하늘이 붉은빛을 띠어요.

1 낱말 쓰기 다음 낱말을 따라 써 보세요.

띠다	미소를 띠 다 .
띠어요	미소를 띠 어 요 .

띄다	눈에 띄 다 .
띄어요	눈에 띄 어 요 .

3 문장 쓰기 다음 문장을 따라 써 보세요.

띄다
간판이 눈에 띄다.
간판이 눈에 띄다.

띄어요
글자를 한 칸씩 띄어요.
글자를 한 칸씩 띄어요.

Day 33   머리를 빗다 / 만두를 빚다

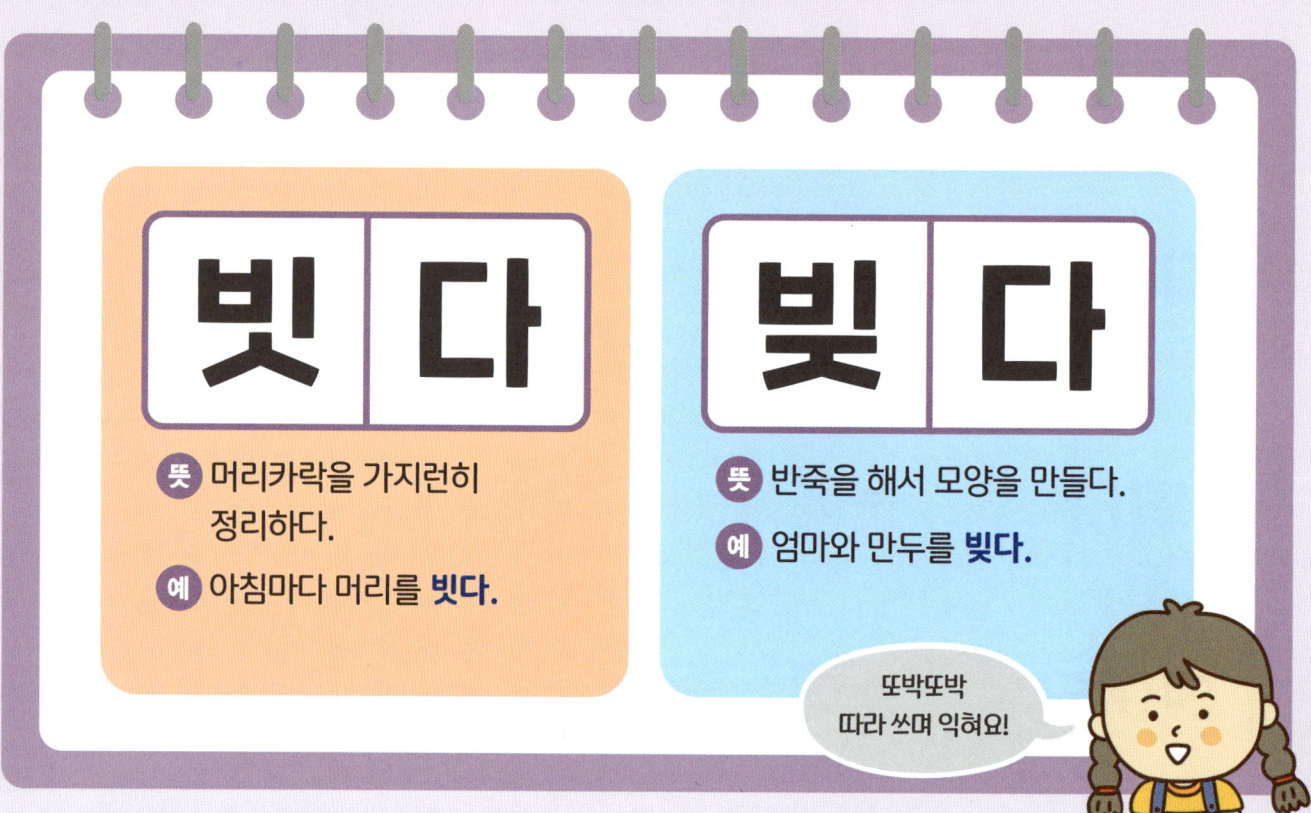

빗다
- 뜻: 머리카락을 가지런히 정리하다.
- 예: 아침마다 머리를 **빗다**.

빚다
- 뜻: 반죽을 해서 모양을 만들다.
- 예: 엄마와 만두를 **빚다**.

또박또박 따라 쓰며 익혀요!

2 문장 쓰기 ▶ 다음 문장을 따라 써 보세요.

빗다

아침마다 머리를 빗다.

아침마다 머리를 빗다.

빗어요

헝클어진 머리를 빗어요.

헝클어진 머리를 빗어요.

1 낱말 쓰기 다음 낱말을 따라 써 보세요.

빗다	머리를 빗다.
빗어요	머리를 빗어요.

빚다	만두를 빚다.
빚어요	만두를 빚어요.

3 문장 쓰기 다음 문장을 따라 써 보세요.

빚다 | 엄마와 만두를 빚다.
| 엄마와 만두를 빚다.

빚어요 | 추석에 송편을 빚어요.
| 추석에 송편을 빚어요.

Day 34 — 땀이 배다 / 칼로 베다

2 문장 쓰기 — 다음 문장을 따라 써 보세요.

배다
옷에 땀이 배다.

옷에 땀이 배다.

배어요
습관이 몸에 배었어요.

습관이 몸에 배었어요.

1 낱말 쓰기 다음 낱말을 따라 써 보세요.

배다	땀이 배다.
배어요	땀이 배어요.

베다	칼로 베다.
베어요	칼로 베어요.

3 문장 쓰기 다음 문장을 따라 써 보세요.

베다
사과를 칼로 베다.
사과를 칼로 베다.

베어요
발을 유리에 베었어요.
발을 유리에 베었어요.

Day 35 — 정답이 맞다 / 청소를 맡다

맞다
- 뜻: 어떤 것이 옳다. 부딪히다.
- 예: 퀴즈의 정답이 **맞다**.

맡다
- 뜻: 어떤 일을 책임지다. 냄새를 느끼다.
- 예: 오늘 교실 청소를 **맡다**.

소리가 비슷해도 쓰임이 달라요.

문장 쓰기 — 다음 문장을 따라 써 보세요.

맞다
퀴즈의 정답이 맞다.
퀴즈의 정답이 맞다.

맞아요
공에 얼굴을 맞았어요.
공에 얼굴을 맞았어요.

1 낱말 쓰기 다음 낱말을 따라 써 보세요.

맞다	정답이 맞 다 .
맞아요	정답이 맞 아 요 .
맡다	청소를 맡 다 .
맡아요	청소를 맡 아 요 .

3 문장 쓰기 다음 문장을 따라 써 보세요.

맡다
오늘 교실 청소를 맡다.

오늘 교실 청소를 맡다.

맡아요
코로 냄새를 맡아요.

코로 냄새를 맡아요.

Day 36 과자를 뺏다 / 손을 뺐다

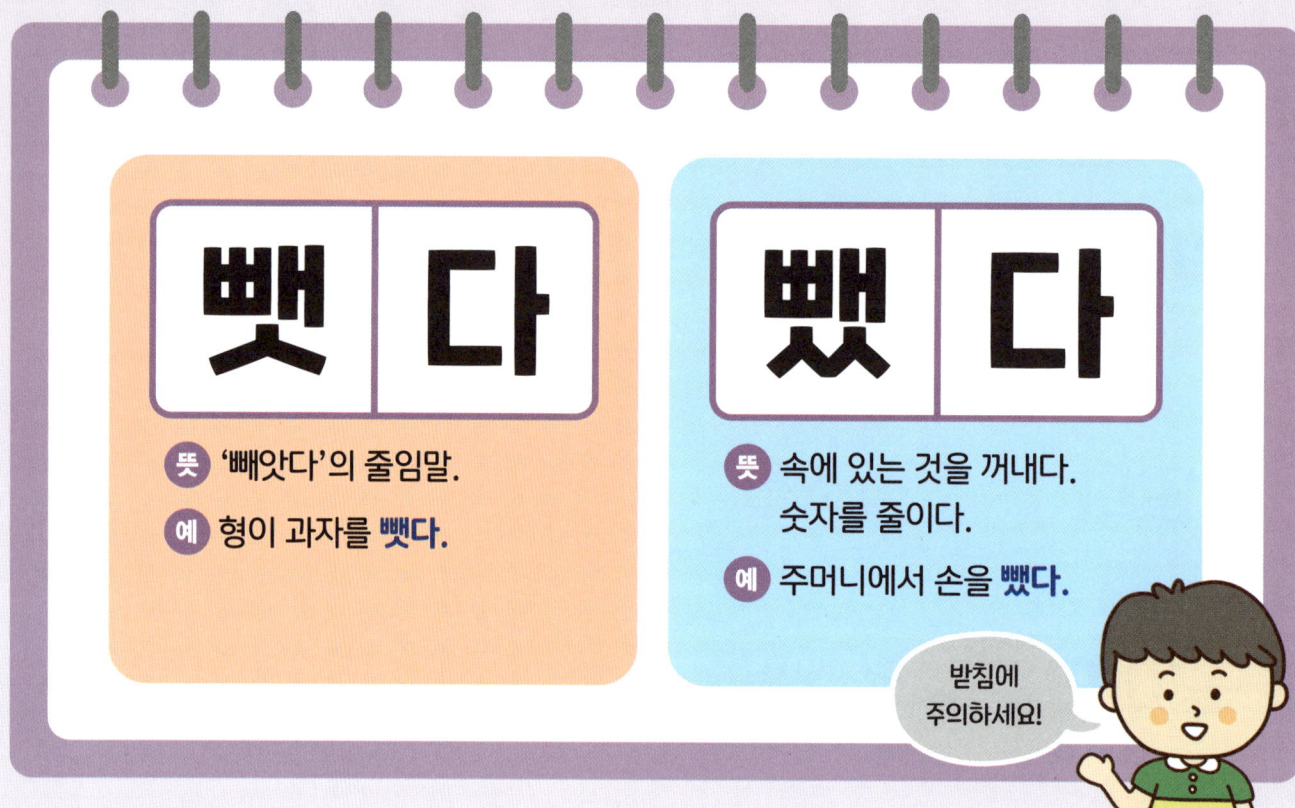

뺏다
- 뜻 '빼앗다'의 줄임말.
- 예 형이 과자를 뺏다.

뺐다
- 뜻 속에 있는 것을 꺼내다. 숫자를 줄이다.
- 예 주머니에서 손을 뺐다.

받침에 주의하세요!

2 문장 쓰기 다음 문장을 따라 써 보세요.

뺏다
형이 과자를 뺏다.

형이 과자를 뺏다.

뺏어요
친구가 공을 뺏었어요.

친구가 공을 뺏었어요.

1 낱말 쓰기 다음 낱말을 따라 써 보세요.

뺏다	과자를 뺏 다 .
뺏어요	과자를 뺏 어 요 .

뺐다	손을 뺐 다 .
뺐어요	손을 뺐 어 요 .

3 문장 쓰기 다음 문장을 따라 써 보세요.

뺐다
주머니에서 손을 뺐다.

주머니에서 손을 뺐다.

뺐어요
2를 더하고 5를 뺐어요.

2를 더하고 5를 뺐어요.

Day 37   방송에 출연 / 유성이 출현

출연
- 뜻: 방송, 영화, 무대에 나오는 것.
- 예: 배우가 방송에 **출연**하다.

뜻이 다르니 주의하세요!

출현
- 뜻: 갑자기 나타나거나 새로 생기는 것.
- 예: 곳곳에 유성이 **출현**하다.

2 문장 쓰기   다음 문장을 따라 써 보세요.

출연

배우가 방송에 출연하다.

배우가 방송에 출연하다.

'출연'은 무대에 나오는 것!

내가 연극에 출연했어요.

내가 연극에 출연했어요.

1 낱말 쓰기 다음 낱말을 따라 써 보세요.

출연	방송에 출연
	드라마에 출연

출현	유성이 출현
	희귀 식물이 출현

3 문장 쓰기 다음 문장을 따라 써 보세요.

출현

곳곳에 유성이 출현하다.

곳곳에 유성이 출현하다.

'출현'은 세상에 나오는 것!

도로에 멧돼지가 출현했어요.

도로에 멧돼지가 출현했어요.

도전! 복습 퀴즈

✅ **다음 문장을 읽고, 알맞은 낱말에 ○표 하세요.**

1 추석에 가족들이 모여 만두를 (빚어요 / 빗어요).

2 유명 배우가 새 드라마에 (출현했어요 / 출연했어요).

3 일찍 일어나는 습관이 몸에 (베었어요 / 배었어요).

✅ **대화를 읽고, 밑줄에 알맞은 낱말을 골라 ○표 하세요.**

도윤: 드디어 시험 끝났다!

하은: 미소를 _____① 것 보니 시험 잘 봤구나?

도윤: 공부한 건 거의 _____② 것 같아.

하은: 100점 예약이네. 축하해!

❶ (띄는 / 띠는) ❷ (맞은 / 맡은)

✅ 아래 문장에 어울리는 낱말을 골라 빈칸에 쓰세요.

1 모두 모였으니까 지금 시작해도 되요 돼요 .
  →

2 글자를 맞춤법에 맞게 띄어 띠어 쓰세요.
  →

3 친구가 농구공을 뺏어 뺐어 골대에 넣었어요.
  →

✅ 빈칸에 들어갈 낱말을 낱말 카드에서 골라 쓰세요.

1 않다 / 안다   숙제를 하지 ___ .

2 빛다 / 빗다   빗으로 머리를 ___ .

3 출연 / 출현   희귀 식물이 ___ 하다.

4 맡다 / 맞다   코로 냄새를 ___ .

Day 38 호텔에 묵다 / 끈으로 묶다

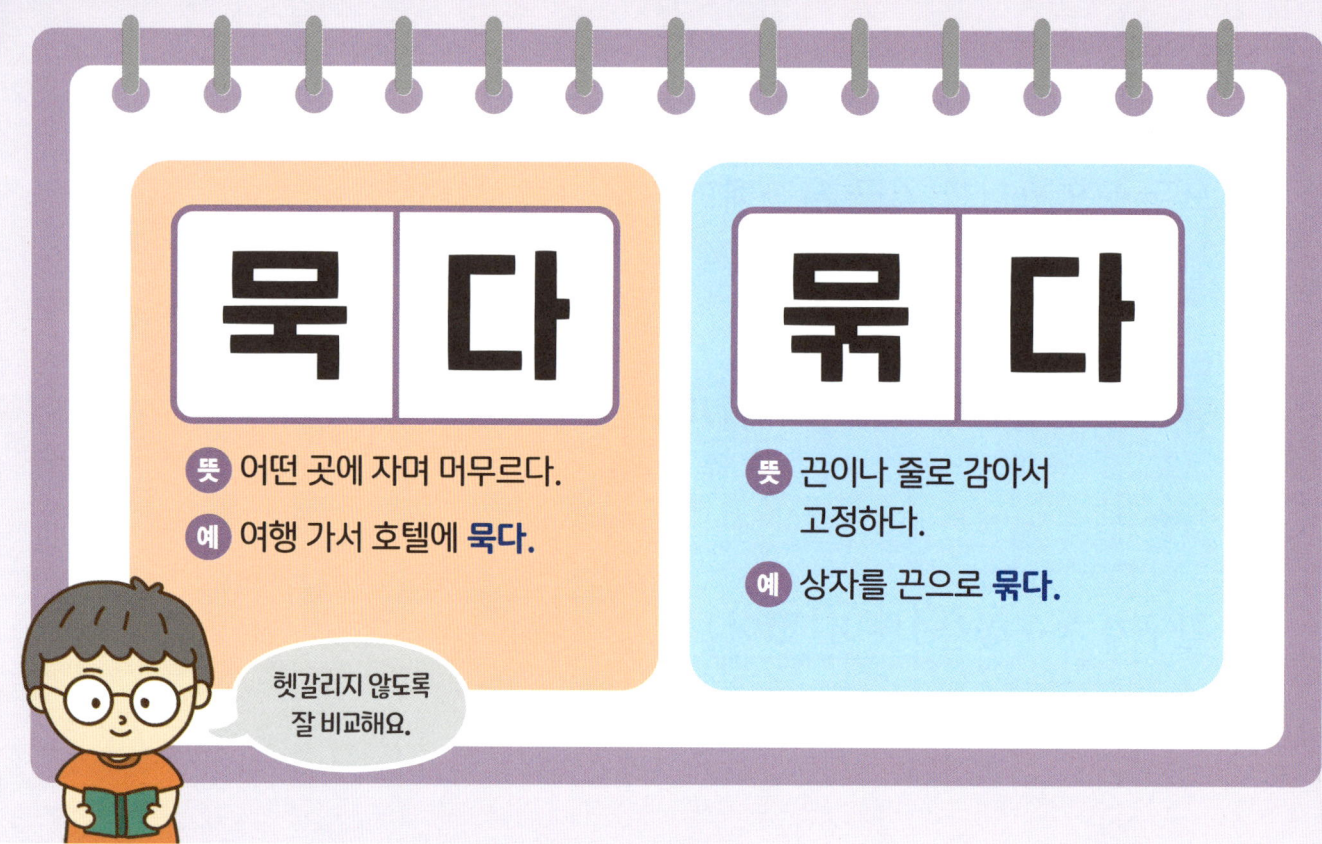

2 문장 쓰기 다음 문장을 따라 써 보세요.

묵다 여행 가서 호텔에 묵다.

여행 가서 호텔에 묵다.

묵어요 외갓집에 며칠 묵었어요.

외갓집에 며칠 묵었어요.

1 낱말 쓰기 다음 낱말을 따라 써 보세요.

묵다	호텔에 묵 다 .
묵어요	호텔에 묵 어 요 .

묶다	끈으로 묶 다 .
묶어요	끈으로 묶 어 요 .

3 문장 쓰기 다음 문장을 따라 써 보세요.

묶다
상자를 끈으로 묶다.

상자를 끈으로 묶다.

묶어요
신발 끈을 단단히 묶었어요.

신발 끈을 단단히 묶었어요.

Day 39 과일을 담다 / 얼굴이 닮다

담다
뜻 어떤 물건을 그릇에 넣다.
예 접시에 과일을 담다.

닮다
뜻 모습이나 성격이 비슷하다.
예 둘의 얼굴이 닮다.

또박또박 따라 쓰며 익혀요!

2 문장 쓰기 ▶ 다음 문장을 따라 써 보세요.

담다
접시에 과일을 담다.
접시에 과일을 담다.

담아요
컵에 물을 가득 담았어요.
컵에 물을 가득 담았어요.

1 낱말 쓰기 다음 낱말을 따라 써 보세요.

담다	과일을 담다.
담아요	과일을 담아요.

닮다	얼굴이 닮다.
닮아요	얼굴이 닮아요.

3 문장 쓰기 다음 문장을 따라 써 보세요.

닮다
둘의 얼굴이 닮다.
둘의 얼굴이 닮다.

닮아요
아빠와 나는 닮았어요.
아빠와 나는 닮았어요.

Day 40   종이를 찢다 / 마늘을 찧다

찢다
뜻 종이나 천을 잡아당겨 갈라지게 하다.
예 종이를 반으로 **찢다**.

찧다
뜻 떡, 콩 등을 절구에 담아 으깨다.
예 마늘을 절구에 넣어 **찧다**.

바른 쓰임을 익혀요.

2 문장 쓰기   다음 문장을 따라 써 보세요.

찢다
종이를 반으로 찢다.
종이를 반으로 찢다.

찢어요
봉투를 찢어서 열었어요.
봉투를 찢어서 열었어요.

1 낱말 쓰기 다음 낱말을 따라 써 보세요.

찢다	종이를 찢다.
찢어요	종이를 찢어요.

찧다	마늘을 찧다.
찧어요	마늘을 찧어요.

3 문장 쓰기 다음 문장을 따라 써 보세요.

찧다 | 마늘을 절구에 넣어 찧다.
마늘을 절구에 넣어 찧다.

찧어요 | 떡메로 떡을 찧어요.
떡메로 떡을 찧어요.

Day 41   아기를 업다 / 물컵을 엎다

업다
- 뜻 사람이나 물건을 등에 지다.
- 예 엄마가 아기를 업다.

엎다
- 뜻 그릇이나 물건을 거꾸로 뒤집다.
- 예 물컵을 바닥에 엎다.

예문을 따라 쓰며 기억해요!

2 문장 쓰기   다음 문장을 따라 써 보세요.

업다

엄마가 아기를 업다.

엄마가 아기를 업다.

업어요

동생을 등에 업었어요.

동생을 등에 업었어요.

1 낱말 쓰기 ✏️ 다음 낱말을 따라 써 보세요.

업다	아기를 업 다 .
업어요	아기를 업 어 요 .

엎다	물컵을 엎 다 .
엎어요	물컵을 엎 어 요 .

3 문장 쓰기 ✏️ 다음 문장을 따라 써 보세요.

엎다 | 물컵을 바닥에 엎다.

물컵을 바닥에 엎다.

엎어요 | 실수로 그릇을 엎었어요.

실수로 그릇을 엎었어요.

Day 42   옷을 다리다 / 한약을 달이다

- 뜻: 구겨진 옷을 다리미로 펴다.
- 예: 옷을 반듯하게 **다리다**.

- 뜻: 재료를 물에 넣고 끓여서 우려내다.
- 예: 한약을 진하게 **달이다**.

헷갈릴 땐 예문으로 복습!

2 문장 쓰기 — 다음 문장을 따라 써 보세요.

다리다 — 옷을 반듯하게 다리다.

옷을 반듯하게 다리다.

다려요 — 구겨진 바지를 다렸어요.

구겨진 바지를 다렸어요.

1 낱말 쓰기 ▷ 다음 낱말을 따라 써 보세요.

다리다	옷을 다리다.
다려요	옷을 다려요.
달이다	한약을 달이다.
달여요	한약을 달여요.

3 문장 쓰기 ▷ 다음 문장을 따라 써 보세요.

달이다 — 한약을 진하게 달이다.

한약을 진하게 달이다.

달여요 — 대추를 넣어 차로 달였어요.

대추를 넣어 차로 달였어요.

Day 43 다리가 저리다 / 배추를 절이다

저리다
- 뜻: 몸의 일부가 오래 눌려서 피가 잘 통하지 못하다.
- 예: 오래 앉았더니 다리가 **저리다**.

절이다
- 뜻: 생선이나 야채에 소금기가 배어들게 하다.
- 예: 배추를 소금에 **절이다**.

자주 틀리는 낱말에는 ★표!

2 문장 쓰기 다음 문장을 따라 써 보세요.

저리다
오래 앉았더니 다리가 저리다.

오래 앉았더니 다리가 저리다.

저려요
팔이 저려서 주물렀어요.

팔이 저려서 주물렀어요.

1 낱말 쓰기 — 다음 낱말을 따라 써 보세요.

저리다	다리가 저리다.
저려요	다리가 저려요.

절이다	배추를 절이다.
절여요	배추를 절여요.

3 문장 쓰기 — 다음 문장을 따라 써 보세요.

절이다
배추를 소금에 절이다.
배추를 소금에 절이다.

절여요
오이를 절여서 김치를 만들어요.
오이를 절여서 김치를 만들어요.

Day 44 — 짐을 **부치다** / 스티커를 **붙이다**

부치다
- 뜻: 우편을 보내다. 프라이팬에 음식을 익히다.
- 예: 택배로 짐을 **부치다**.

붙이다
- 뜻: 맞닿아 떨어지지 않고 달라붙게 하다.
- 예: 수첩에 스티커를 **붙이다**.

하루에 두 쪽씩 공부해요.

2 문장 쓰기 — 다음 문장을 따라 써 보세요.

부치다
택배로 짐을 부치다.

택배로 짐을 부치다.

부쳐요
김치전을 노릇노릇 부쳤어요.

김치전을 노릇노릇 부쳤어요.

1 낱말 쓰기 | 다음 낱말을 따라 써 보세요.

부치다	짐을 부치다.
부쳐요	짐을 부쳐요.

붙이다	스티커를 붙이다.
붙여요	스티커를 붙여요.

3 문장 쓰기 | 다음 문장을 따라 써 보세요.

붙이다 | 수첩에 스티커를 붙이다.
| 수첩에 스티커를 붙이다.

붙여요 | 벽에 메모지를 붙여요.
| 벽에 메모지를 붙여요.

Day 45 이불에 싸이다 / 책이 쌓이다

싸이다
- 뜻: 무엇으로 감싸이다.
- 예: 몸이 이불에 **싸이다**.

쌓이다
- 뜻: 무언가가 위로 겹겹이 올라가다.
- 예: 책상 위에 책이 **쌓이다**.

소리가 비슷해도 뜻이 달라요.

2 문장 쓰기 ▶ 다음 문장을 따라 써 보세요.

싸이다
몸이 이불에 싸이다.
몸이 이불에 싸이다.

싸여요
길이 안개에 싸여 안 보여요.
길이 안개에 싸여 안 보여요.

1 낱말 쓰기 다음 낱말을 따라 써 보세요.

싸이다	이불에 싸이다.
싸여요	이불에 싸여요.

쌓이다	책이 쌓이다.
쌓여요	책이 쌓여요.

3 문장 쓰기 다음 문장을 따라 써 보세요.

쌓이다
책상 위에 책이 쌓이다.

책상 위에 책이 쌓이다.

쌓여요
지붕 위에 눈이 쌓였어요.

지붕 위에 눈이 쌓였어요.

 도전! 복습 퀴즈

✅ 다음 문장을 읽고, 알맞은 낱말에 ○표 하세요.

1 책상 위에 책이 여러 권 (**싸여** / **쌓여**) 있어요.

2 배추를 소금에 (**저려** / **절여**) 김치를 만들어요.

3 구겨진 옷을 다리미로 (**다렸어요** / **달였어요**).

✅ 대화를 읽고, 밑줄에 알맞은 낱말을 골라 ○표 하세요.

예진: 선물 상자에 인형이랑 편지도 _____. ❶

소율: 정성 가득이네! 택배만 _____ 되겠다. ❷

예진: 엄마랑 이따가 우체국에 가기로 했어.

소율: 받는 사람이 완전 감동할 것 같아.

❶ (담았어 / 닮았어) ❷ (부치면 / 붙이면)

✅ 아래 문장에 어울리는 낱말을 골라 빈칸에 쓰세요.

1 물컵을 실수로 바닥에 엎어 / 업어 버렸어요.
   →

2 종이를 반으로 쭉 찢어서 / 찣어서 나눴어요.
   →

3 다이어리에 스티커를 붙여 / 부쳐 꾸며요.
   →

✅ 빈칸에 들어갈 낱말을 낱말 카드에서 골라 쓰세요.

1 묶다 / 묵다   상자를 끈으로 ☐☐.

2 닮다 / 담다   엄마와 얼굴이 ☐☐.

3 다리다 / 달이다   한약을 ☐☐☐.

4 쌓이다 / 싸이다   숲이 안개에 ☐☐☐.

115

정답

1장

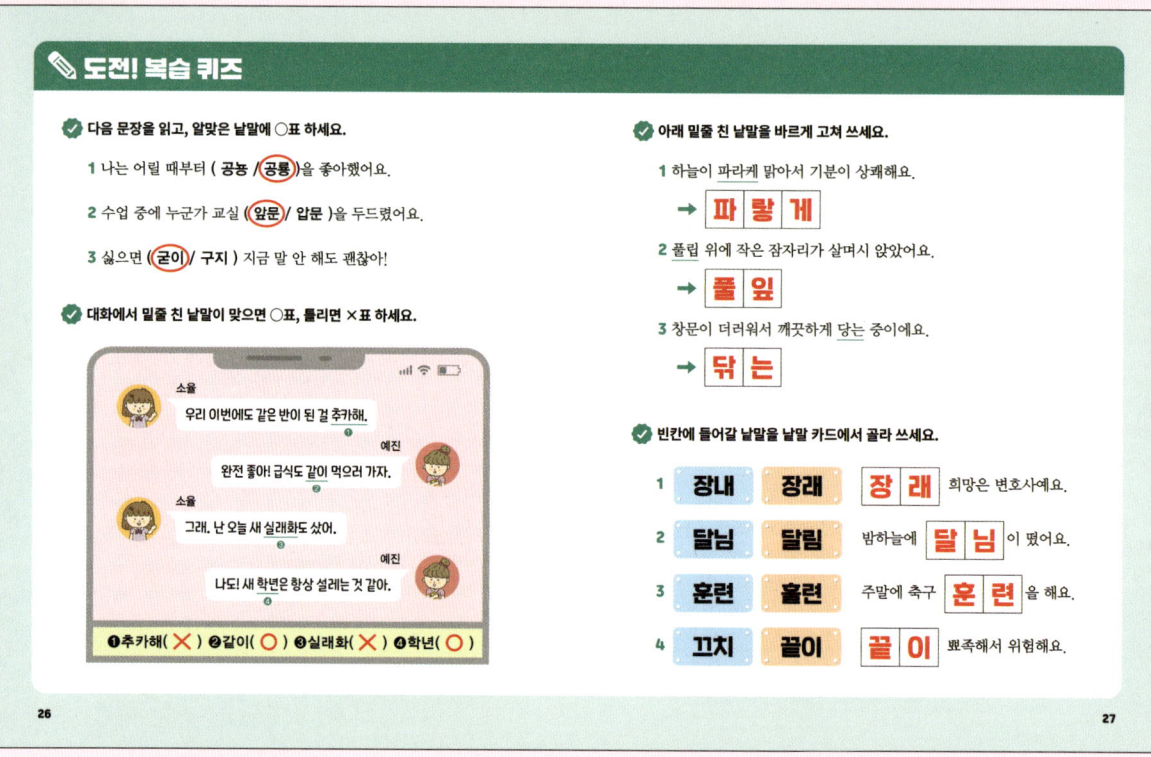

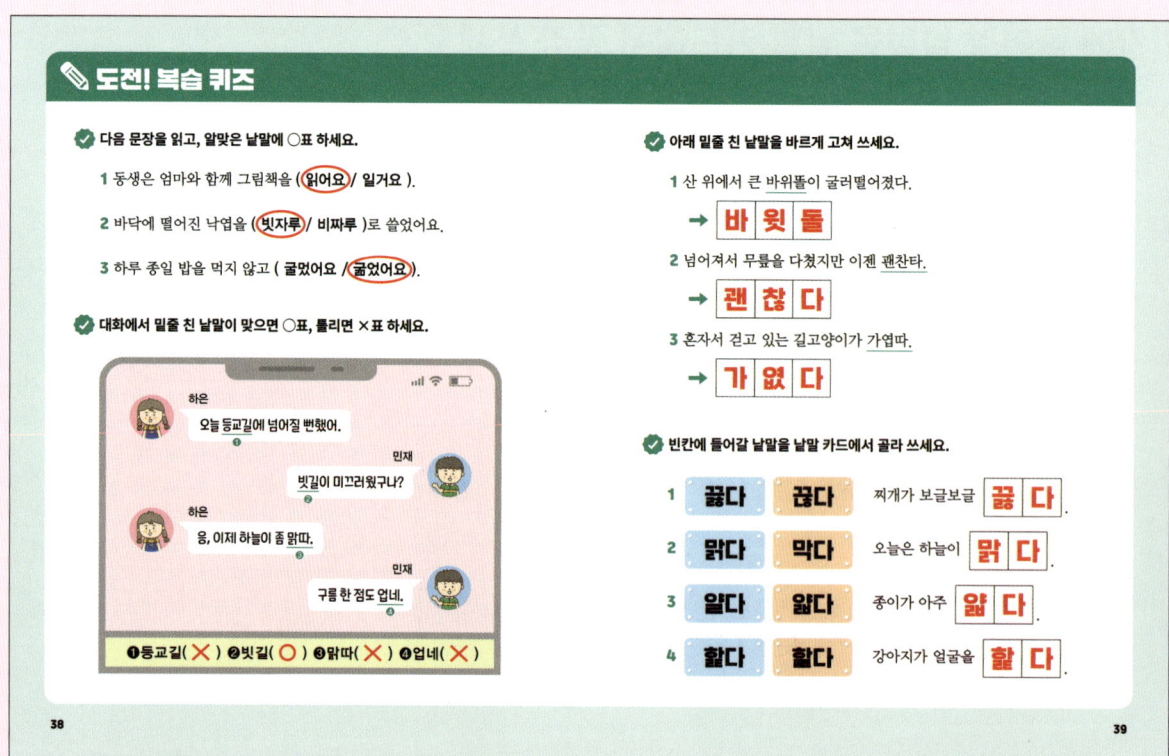

2장

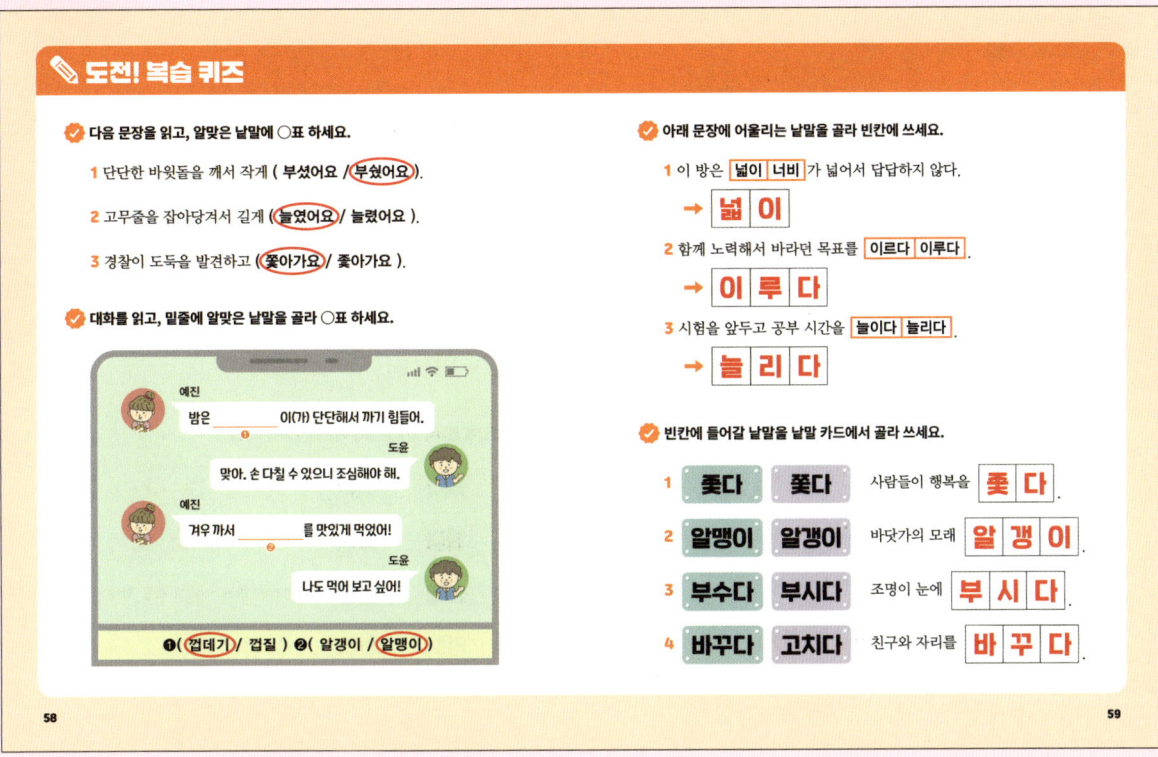

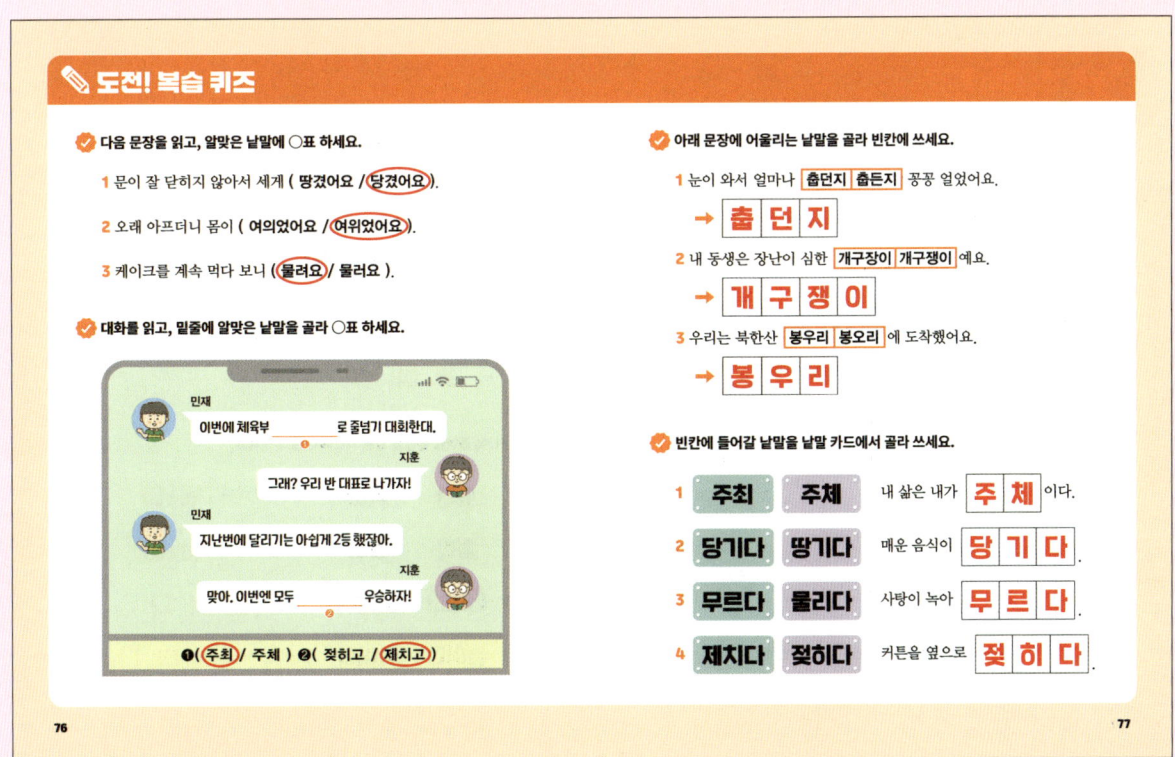

정답

3장

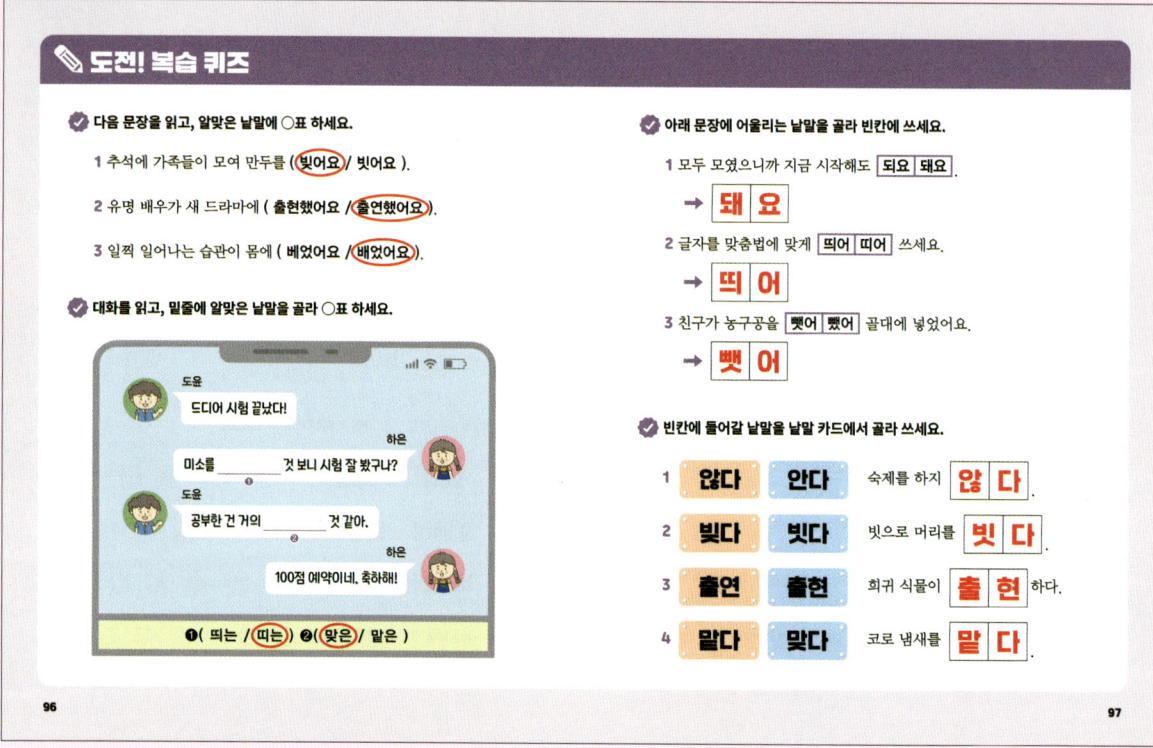

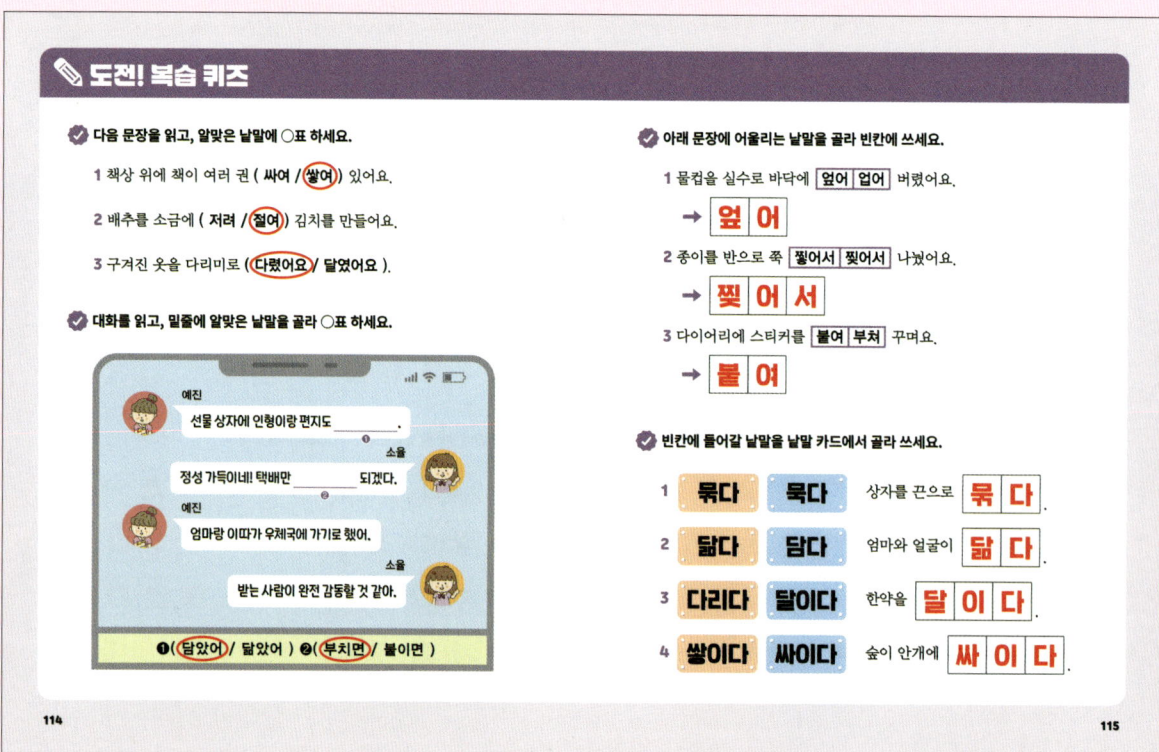

스스로 해냈상

이름 _____

이 책을 처음부터 끝까지
포기하지 않고 멋지게 완성한
나 자신을 아주 많이 칭찬합니다!

_____년 ____월 ____일

지은이 이미선

대학 졸업 후 잡지사와 출판사에서 일하며 서울을 누볐으며,
지금은 제주에서 아이들과 함께 섬 곳곳을 누비며 기획편집자로 일하고 있습니다.
그동안 쓴 책으로는 《국어가 쉬워지는 초등 어휘력 사전》, 《국어가 쉬워지는 초등 맞춤법 사전》,
《예쁜 마음 바른 글씨 또박또박 동시 따라쓰기》, 《하루 10분 초등 문해력 한자 어휘편》,
《똑똑한 한글 그리기 놀이책》, 《하루 10분 맞춤법 따라쓰기》, 《하루 10분 초등 한자 따라쓰기》,
《하루 10분 속담 따라쓰기》, 《하루 10분 초등교과 가로세로 낱말퍼즐》 등이 있습니다.

초판 1쇄 인쇄 2025년 7월 10일
초판 1쇄 발행 2025년 7월 15일

지은이 이미선
펴낸이 박수길
펴낸곳 (주)도서출판 미래지식
디자인 design ko

주소 경기도 고양시 덕양구 통일로 140 삼송테크노밸리 A동 3층 333호
전화 02)389-0152
팩스 02)389-0156
홈페이지 www.miraejisig.co.kr
전자우편 miraejisig@naver.com
등록번호 제 2018-000205호

* 이 책의 판권은 미래지식에 있습니다.
* 값은 표지 뒷면에 표기되어 있습니다.
* 잘못된 책은 구입하신 서점에서 바꾸어 드립니다.

ISBN 979-11-93852-43-9 64710
ISBN 979-11-93852-41-5 (세트)

* 미래주니어는 미래지식의 어린이책 브랜드입니다.